Thomas Clasen
Felicitas Naumann

Die Prinzessin und der Mond

Theatertips für die Schule
mit Illustrationen von Ulf Marckwort

D1666996

Ernst Klett Schulbuchverlag
Stuttgart Düsseldorf Berlin Leipzig

Inhalt

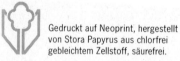

Gedruckt auf Neoprint, hergestellt
von Stora Papyrus aus chlorfrei
gebleichtem Zellstoff, säurefrei.

1. Auflage   1   6   5   4   3 | 1996

Alle Drucke dieser Auflage können im Unterricht nebeneinander benutzt werden, sie sind
untereinander unverändert. Die letzte Zahl bezeichnet das Jahr dieses Druckes.
© Ernst Klett Schulbuchverlag GmbH, Stuttgart 1990.
Umschlag: Regine Mack, unter Verwendung einer Illustration von Ulf Marckwort
Satz und Druck: Wilhelm Röck, Weinsberg
ISBN 3-12-306340-2

1. Vorwort

„Mach' nicht so ein Theater!" hat vielleicht gestern eure Mutter gesagt, als ihr das Gesicht verzogen habt: Spinat gab's zum Mittagessen.

„Schluß mit dem Theater!" rief ein Lehrer, als ihr nach dem Klingelzeichen noch über Tisch und Bänke getobt seid.

Natürlich habt ihr in diesen Situationen nicht richtig Theater gespielt, aber mit dem Theaterspielen hatte das schon etwas zu tun. Da muß auch mancher Schauspieler das Gesicht verziehen oder über die Bühne turnen, aber nicht, weil es ihm gerade Spaß macht, sondern weil der Theatertext dies verlangt. Das will geübt sein.

Habt ihr nicht Lust, einmal „richtig" Theater zu spielen, mit der ganzen Klasse? Versucht's doch einmal.

Der folgende Text will zu diesem Abenteuer ermutigen und euch mit Tips Lust auf das Theater machen.

2. Das Märchen: Der Mond der Prinzessin Lenore (James Thurber)

Es war einmal ein Königreich, das lag am Meer, und dort lebte eine kleine Prinzessin namens Lenore. Sie war zehn Jahre alt und ging ins elfte. Eines
5 Tages wurde Lenore krank; sie hatte zu viel Himbeertorte gegessen und mußte das Bett hüten.

Der königliche Leibarzt wurde gerufen, um nach ihr zu sehen. Er maß ihre Temperatur, fühlte ihren Puls und ließ sich die Zunge zeigen. Er wurde sehr besorgt und schickte nach dem König, Lenores Vater. Der König kam auch
10 gleich, um zu sehen, wie es mit der Prinzessin stand.

„Ich will dir alles geben, was dein Herz nur wünschen kann", sagte der König zur kleinen Lenore. „Gibt es etwas, wonach dein Herz begehrt?"

„Ja", sagte die Prinzessin, „ich möchte gern den Mond haben. Wenn ich den Mond habe, werde ich gleich wieder gesund."
15 Darauf ging der König zum Thronsaal und läutete dreimal lang und einmal kurz, und sofort trat der Oberhofmarschall in den Saal. Er war ein großer, dicker Mann mit einer großen Brille, die seine Augen zweimal so groß erscheinen ließ, wie sie wirklich waren. Infolgedessen schien hinwiederum der Oberhofmarschall zweimal so weise zu sein, wie er wirklich war.
20 „Ich wünsche, daß du der Prinzessin Lenore den Mond verschaffst", sagte der König. „Wenn sie den Mond bekommt, wird sie wieder gesund. Besorge ihn noch heute abend, aber allerspätestens morgen!"

Der Oberhofmarschall wischte sich mit seinem Taschentuch die Stirn ab und schneuzte sich vernehmlich die Nase. „Ich habe, seit ich Euch diene,
25 eine Menge für Euch besorgt, Eure Majestät", sagte er. „Es trifft sich zufällig, daß ich eine Liste davon bei mir habe." Er zog eine lange Pergamentrolle aus der Tasche. „Laßt mich sehen." Er schaute mit gerunzelter Stirn in die Liste. „Ich habe Euch Elfenbein, Affen und Pfauen verschafft; Rubine, Opale und Smaragde; schwarze Orchideen, rosafarbene Elefanten und
30 blaue Pudel; Kolibrizungen, Federn von Engelflügeln; Riesen, Zwerge und Seejungfrauen; Weihrauch, Ambra und Myrrhen; ein Pfund Butter, zwei Dutzend Eier; einen Sack Zucker – pardon, das letzte hat meine Frau eingeschrieben..."

„Das macht nichts", sagte der König, „was ich jetzt brauche, ist der
35 Mond."

„Der Mond", sagte der Oberhofmarschall, „kommt leider nicht in Frage. Er ist 35 000 Meilen entfernt und größer als das Schlafzimmer der Prinzessin. Außerdem ist er aus geschmolzenem Kupfer gemacht. Ich kann ihn Euch nicht herbeischaffen, Majestät. Blaue Pudel – jawohl! Den Mond –
40 nein!"

Da geriet der König in Wut, hieß den Oberhofmarschall den Saal verlassen und den königlichen Zauberer zu sich kommen.

4

Der königliche Zauberer war ein kleiner, schmächtiger Mann mit einem länglichen Gesicht. Er trug einen hohen, roten, spitzen Hut, der mit Silbersternen besetzt war, und eine lange blaue Robe, über und über mit goldenen Eulen bestickt. Er wurde recht blaß, als ihm der König sagte, daß er für sein Töchterchen den Mond brauche und daß er von ihm, dem königlichen 5 Zauberer, erwarte, er könne ihn beschaffen.

„Ich habe in meiner Amtszeit eine ganze Menge für Euch gezaubert, Majestät", sagte er. „Zufällig habe ich in meiner Tasche eine Liste von all den Zaubereien, die ich für Euch ausgeführt habe. Laßt mich mal sehen. Ich habe für Euch Blut aus Steckrüben gequetscht und Steckrüben aus Blut. Ich 10 habe Kaninchen aus Zylinderhüten gezaubert und Zylinderhüte aus Kaninchen. Ich habe aus nichts Blumen, Tambourins und Tauben gezaubert und dann wieder nichts aus Blumen, Tambourins und Tauben. Ich habe Euch Wünschelruten, Zauberstäbe und Kristallkugeln verschafft, um darin die Zukunft zu schauen. Ich habe Euch meine eigene Spezialmischung aus 15 Nachtschatten, Eisenhut und Adlertränen angefertigt, um Hexen, Dämonen und die Spukgeister der Nacht abzuwehren. Ich versah Euch mit Siebenmeilenstiefeln und mit einer Tarnkappe..."

„Die Tarnkappe funktionierte aber nicht", fiel der König ein, „ich bin damit genau wie vorher überall angestoßen." 20

„Von einer Tarnkappe kann man nur erwarten, daß sie Euch unsichtbar macht", sagte der königliche Zauberer, „man darf aber nicht von ihr erwarten, daß sie Euch davor bewahrt, überall anzustoßen." Er sah wieder in seine Liste. „Ich brachte Euch ein Waldhorn aus dem Elfenreich, Sand vom Sandmann und Gold vom Regenbogen. Ferner ein Knäuel Zwirn, ein Na- 25 delbuch und ein Pfund Bienenwachs – Pardon, diese letzten Sachen schrieb meine Frau ein, damit ich sie ihr besorgen soll..."

„Was ich jetzt von dir wünsche, ist allein der Mond", sagte der König. „Die Prinzessin wünscht ihn, und wenn sie ihn bekommt, wird sie gleich wieder gesund." 30

„Den Mond kann niemand bekommen", sagte der königliche Zauberer. „Er ist 150000 Meilen entfernt und aus grünem Käse gemacht. Außerdem ist er zweimal so groß wie Euer ganzer Palast."

Wieder geriet der König in großen Zorn und schickte den königlichen Zauberer zurück in seine Zauberhöhle. Dann befahl er, den königlichen 35 Mathematiker vorzuladen, einen kahlköpfigen, kurzsichtigen Mann mit einer Haube auf dem Kopf und einem Federhalter hinter dem Ohr.

„Ich will keine lange Liste vorgelesen bekommen von allem, was du seit 1907 für mich ausgerechnet hast", sagte der König zu ihm, „ich will von dir hier auf der Stelle ausgerechnet haben, wie man den Mond für die Prinzes- 40 sin Lenore beschaffen kann."

„Ich freue mich ja so, Majestät, daß Ihr an all das denkt, was ich für Euch seit 1907 ausgerechnet habe", sagte der königliche Mathematiker. „Rein zufällig habe ich eine Liste davon bei mir. Ich habe Euch die Entfernungen zwischen Tag und Nacht sowie zwischen A und Z errechnet. Ich habe 45 überschlagen, wie weit Aufwärts liegt, wie lange es währt, um nach Hinweg zu kommen, und was aus Vergangen wird. Ich habe die Länge der Seeschlange festgestellt, den Wert des Unschätzbaren abgeschätzt und das Quadrat des Nilpferdes errechnet. Ich weiß, wieviel Ichs Ihr haben müßt, um ein Wir auszumachen, und wieviel Vögel Ihr mit dem Salz des Ozeans fangen könnt. Nebenbei: 187796132, wenn es Euch interessieren sollte."

„So viel Vögel gibt's ja gar nicht", sagte der König, „und überhaupt: was ich jetzt brauche, ist der Mond."

„Der Mond ist 300000 Meilen entfernt", sagte der königliche Mathematiker. „Er ist rund und flach wie eine Münze, nur daß er aus Asbest gemacht ist; er ist halb so groß wie Euer ganzes Königreich. Überdies ist er am Himmel festgeklebt. Den Mond kann niemand herunterholen."

Der König geriet in eine noch größere Wut und schickte den königlichen Mathematiker wieder fort. Dann läutete er dem Hofnarren. Der kam in den Saal gesprungen, mit seiner Kappe und den kleinen Glöckchen daran, und ließ sich am Fuß des Thrones nieder.

„Was kann ich für Euch tun, Majestät?"

„Die Prinzessin Lenore möchte den Mond haben", sagte der König traurig, „und sie kann nicht wieder gesund werden, ehe sie ihn bekommen hat. Aber niemand kann ihn ihr holen. Jedesmal, wenn ich jemand um den Mond bitte, wird er größer und entfernter. Du kannst nichts für mich tun – höchstens auf deiner Laute spielen; aber möglichst etwas Trauriges."

„Wie groß, sagen sie, ist der Mond und wie weit entfernt?" fragte der Hofnarr.

„Der Oberhofmarschall behauptete, er sei 35000 Meilen entfernt und größer als das Zimmer der Prinzessin Lenore", sagte der König, „der königliche Zauberer sagt, er sei 150000 Meilen entfernt und zweimal so groß wie dieser Palast. Der königliche Mathematiker sagt, er sei 300000 Meilen entfernt und halb so groß wie das ganze Königreich."

Der Hofnarr zupfte eine Weile auf seiner Laute. „Sie sind alle drei sehr gelehrt, und es ist klar, daß sie alle drei recht haben. Wenn sie alle drei recht haben, dann muß der Mond genauso groß sein und so weit entfernt, wie jeder denkt. Man braucht also bloß die Prinzessin Lenore zu fragen, was sie denkt, wie groß der Mond sei."

„Daran hätte ich nie gedacht", erwiderte der König.

„Ich will zu ihr gehen und sie fragen, Majestät."

Die Prinzessin Lenore freute sich, den Hofnarren zu sehen, aber ihr Gesicht war sehr blaß und ihre Stimme sehr schwach.

„Hast du mir den Mond mitgebracht?" fragte sie. „Noch nicht", sagte der Hofnarr, „aber ich bin gerade dabei, ihn dir zu holen. Was denkst du, wie groß er wohl sein könnte?" „Er ist ein bißchen kleiner als mein Daumennagel", sagte sie, „denn wenn ich meinen Daumennagel gegen den Mond halte, deckt er ihn gerade zu."

„Und wie weit ist er entfernt?" fragte der Hofnarr. „Er hängt nicht ganz so

6

hoch, wie der dicke Baum vor meinem Fenster groß ist", sagte die Prinzessin, „denn manchmal bleibt er in seinen höchsten Zweigen hängen."

„Ich will heute nacht auf den Baum klettern, wenn der Mond in den oberen Zweigen hängt, und ihn dir herunterholen", sagte der Hofnarr. Dann fiel ihm etwas anderes ein. „Woraus ist eigentlich der Mond gemacht, Prinzessin?" fragte er.

„Oh, natürlich ist er aus Gold, du Dummkopf", sagte sie. Der Hofnarr ging zum königlichen Goldschmied und ließ bei ihm einen niedlichen runden, goldenen Mond anfertigen, gerade ein wenig kleiner als der Daumennagel der Prinzessin Lenore. Dann wurde der goldene Mond an einer goldenen Kette befestigt, damit die Prinzessin ihn als Halsschmuck tragen konnte.

„Was ist das eigentlich, was ich da machen mußte?" fragte der königliche Goldschmied. „Ihr habt den Mond gemacht", sagte der Hofnarr. „Das ist der Mond." „Aber der Mond", sagte der königliche Goldschmied, „ist 500 000 Meilen entfernt, ist aus Bronze und rund wie eine Kugel."

„Das denkst du", sagte der Hofnarr und ging mit dem Mond seiner Wege. Der Hofnarr brachte den Mond der Prinzessin, die überglücklich war. Tags darauf war sie wieder gesund, konnte aufstehen und im Garten spielen.

Aber der König wußte, daß der Mond am selben Abend wieder am Himmel aufgehen würde, und wenn die Prinzessin ihn sähe, würde sie merken, daß der Mond an ihrer Halskette nicht der echte war. So sagte er zum Oberhofmarschall: „Wir müssen verhindern, daß die Prinzessin heute abend den Mond zu sehen bekommt. Denk dir etwas aus!"

Der Oberhofmarschall legte den Zeigefinger an die Stirn. „Wir könnten für die Prinzessin eine schwarze Brille bestellen."

Aber über diesen Vorschlag wurde der König sehr unwillig. „Wenn sie eine schwarze Brille trägt, wird sie überall anstoßen und dann wieder krank werden!" So berief er den königlichen Zauberer zu sich, der erst auf den Händen lief, dann auf dem Kopf stand und schließlich wieder auf seine Füße zu stehen kam.

„Ich weiß, was wir tun könnten", sagte er. „Schwarze Sammetvorhänge aufhängen, um alle Gärten um den Palast wie ein Zirkuszelt zu überdachen."

Da wurde aber der König so wütend, daß er mit beiden Armen in der Luft herumfuchtelte. „Schwarze Vorhänge halten die frische Luft ab, und die Prinzessin würde wieder krank werden." Er befahl, den königlichen Mathematiker zu holen.

Der königliche Mathematiker schritt im Kreise herum und dann im Viereck, und dann stand er still. „Ich hab's", sagte er, „wir könnten jede Nacht im Garten ein Feuerwerk abbrennen. Wir wollen eine Menge Leuchtfontänen aus Silber machen und Wasserfälle aus Gold. Wenn sie dann verpuffen, wird der Himmel mit so vielen Funken bedeckt sein, daß er taghell erleuchtet ist und die Prinzessin den Mond nicht sehen kann."

Jetzt geriet der König in einen solchen Zorn, daß er einen Luftsprung machte. „Das Feuerwerk würde die Prinzessin am Einschlafen hindern, und sie würde wieder krank werden." So schickte er den königlichen Mathematiker ebenfalls wieder fort.

Als der König aus dem Fenster blickte, war es draußen dunkel geworden, und der leuchtende Rand der Mondscheibe lugte gerade über den Horizont. Voller Schrecken sprang er auf und klingelte nach dem Hofnarren. „Spiel mir etwas sehr, sehr Trauriges", sagte der König, „denn wenn die Prinzessin den Mond draußen sieht, wird sie wieder krank."

Der Hofnarr zupfte auf seiner Laute. „Was sagen Eure klugen Gelehrten dazu?" „Ihnen fällt nichts ein, um den Mond zu verstecken, als was die Prinzessin wieder krank machen würde", sagte der König.

Der Hofnarr spielte leise eine andere Melodie. „Wenn Eure Gelehrten den Mond nicht verstecken können, dann kann er nicht versteckt werden", sagte er. „Aber wer wußte zu sagen, wie man den Mond bekommen kann? Das war die Prinzessin Lenore! Daher ist die Prinzessin Lenore klüger als Eure Gelehrten und weiß vom Monde mehr als sie. Also will ich die Prinzessin fragen!" Und ehe der König ihn zurückzuhalten vermochte, glitt er still aus dem Thronsaal und hinauf über die Marmortreppe ins Schlafzimmer der Prinzessin.

Sie war schon zu Bett gegangen, aber noch ganz wach und schaute aus dem Fenster zum Himmel, wo leuchtend der Mond stand. In ihrer Hand glänzte der Mond, den ihr der Hofnarr gebracht hatte. Dieser schaute sehr bekümmert drein, und in seinen Augen schienen Tränen zu schimmern.

„Sag mir nur, Prinzessin Lenore", fragte er kläglich, „wie kann der Mond am Himmel scheinen, wenn er doch um deinen Hals an einer goldenen Kette hängt?"

Die Prinzessin blickte ihn an und lachte. „Das ist nicht schwer, du Dummkopf", sagte sie. „Wenn ich einen Zahn verliere, wächst ein neuer dafür, nicht wahr? Und wenn der Gärtner im Garten Blumen schneidet, blühen andere Blumen an ihrer Stelle auf."

„Daran hätte ich selber denken können", sagte der Hofnarr, „das ist ja dieselbe Geschichte wie mit dem Tageslicht."

„Und mit dem Monde ist es auch dieselbe Geschichte", sagte die Prinzessin Lenore. „Ich denke, das ist mit allem dieselbe Geschichte." Ihre Stimme wurde ganz leise und verlor sich allmählich, und der Hofnarr merkte, daß sie eingeschlafen war. Behutsam schob er ihre Kissen zurecht.

Aber ehe er das Zimmer verließ, ging er hinüber ans Fenster und zwinkerte zum Mond hinauf, denn es schien dem Hofnarren, als ob der Mond ihm zugezwinkert habe.

(Aus: James Thurber: Die Prinzessin und der Mond. Deutsche Rechte: Union Verlag, Stuttgart 1949.)

3. Vom Märchen zum Theaterstück

Wir schaffen uns eine Märchenstimmung

Ihr kennt das. Die Lehrerin oder der Lehrer kommt in die Klasse, sagt eine bestimmte Seite im Lesebuch an und liest mit euch zusammen ein Märchen. So haben wir auch angefangen. Allerdings saßen wir bei der „Leseübung" nicht brav an unseren Tischen. Wir zogen die Gardinen ein wenig zu, räumten Stühle und Tische beiseite, hockten uns auf dem Boden in einem Kreis zusammen, stellten eine Kerze in unsere Mitte und ließen sie leuchten. So erlebten wir eine richtig schöne Märchenstunde.
Es ist wichtig, schon beim ersten Lesen eine „märchenhafte" Stimmung zu erzeugen, denn nur dann entstehen schon gleich zu Beginn Bilder und Phantasien in unseren Köpfen.

Spontane Rollenspiele

Nach dem Lesen fingen schon einige Schüler an, bestimmte Figuren nachzumachen: Der Klassenkasper hopste als Hofnarr herum, die Klassenschönheit tänzelte und tippelte wie die elegante Hofdame, und die lange Bohnenstange fühlte sich als Oberhofmarschall noch ein Stückchen größer werden. Da lag es doch nahe, gleich ein Spiel daraus zu machen.
Wir haben aber nicht sofort versucht, die ganze Handlung des Märchens zu spielen. Das hätte sonst ein riesiges Durcheinander gegeben. Streit wäre entstanden, Geschrei und Besserwisserei. Und bevor es richtig losgegangen wäre, hätten wir uns die Spielfreude schon verdorben. Deswegen war es besser, zunächst aus dem Text kleine, besonders spannende Szenen herauszupicken und diese mehrmals zu spielen. Dadurch konnten alle mal „drankommen" und sich als König, Narr, Prinzessin oder Hofmarschall fühlen. Die Bühne für dieses Szenenspiel, nicht die richtige, aber eine vorläufige, war schnell gezaubert. „Abrakadabra!" und schon hat sich der Lehrerstuhl in einen Thron verwandelt, der Schwamm wurde zum Reichsapfel, zwei Schultische zum Krankenbett der leidenden Prinzessin, der Kartenständer zum Apfelbaum und der Regenmantel zum kostbaren Hermelinumhang. Wenn ihr auch so vorgeht, werdet ihr feststellen, daß man jede Szene auf ganz unterschiedliche Weise spielen kann. Eine einzige, richtige Spielweise gibt es nicht. Und da wir erst am Anfang stehen, ist es wichtig, daß ihr die ersten Versuche nicht gleich lautstark kritisiert. Meckereien helfen nicht weiter. Im Gegenteil, sie nehmen den Mut. Und den brauchen die meisten Mitspieler, um in eine andere Rolle hineinschlüpfen zu können. Dazu muß man Hemmungen überwinden und auftauen, wie ein Eiswürfel unter der brütenden Mittagssonne. Das geht am besten in einer fröhlichen Stimmung, wo sich alle gegenseitig helfen. Lachen und Loben ist also erlaubt, das hilft

beim Auftauen, Auslachen ist dagegen strengstens verboten. Ihr habt das sicher schon einmal erlebt: Wer ausgelacht wird, stottert, wird rot und vielleicht sogar stocksteif. Und das könnt ihr ja wirklich nicht beim Theaterspielen gebrauchen.

In der Suppe schwimmt eine Spinne. Igitt! Ihr verzieht angeekelt das Gesicht. Gefühle und Gedanken können also auch gezeigt werden, ohne daß ein einziges Wort gesprochen wird. Für die spätere Probenarbeit ist es wichtig, bereits jetzt aufmerksam die Körperhaltung, den Gesichtsausdruck, die Bewegung, die Gebärde, den Gang der einzelnen Rollenspieler zu beobachten und über die Eindrücke zu sprechen:

War zu erkennen, welche Gefühle, welche Stimmungen eine Spielfigur hatte? Z. B.: Freude, Überraschung, Neid, Neugier, Ratlosigkeit.

Was macht denn so einer, der wütend ist? Versucht einmal, eine Liste aufzustellen, in die ihr alle möglichen Verhaltensweisen bei bestimmten Gefühlen eintragt.

Dialogisieren

Ihr werdet sicher festgestellt haben, daß das Schwierigste an diesem spontanen Rollenspiel das Finden der richtigen Worte im richtigen Augenblick ist. Was sagt denn so ein Leibarzt, der sich besorgt über das Krankenbett der Prinzessin beugt? Was antwortet die Prinzessin? Sie kann doch nicht die ganze Zeit über gequält aufstöhnen!

Nur wenigen Schülern fallen da gleich passende Sätze ein. Die meisten werden eher stottern und stammeln, verlegen kichern oder stumm bleiben. Laßt euch von solchen Erfahrungen aber nicht entmutigen. So ist das nun einmal. Das wußten auch schon die Dichter. Deswegen haben sie für ein „richtiges" Theaterstück genau aufgeschrieben, was jeder Schauspieler in seiner Rolle zu sagen hat. Macht es also wie die Dichter: Dialogisiert das Märchen. Das bedeutet: Schreibt aus dem Erzähltext einen Spieltext, in dem die Handlung als Gespräch zwischen unterschiedlichen Figuren wiedergegeben wird. Wenn also zum Beispiel im Erzähltext steht: *Da geriet der König in Wut und hieß den Oberhofmarschall den Saal verlassen.*

Dann könnte das im Spieltext heißen: *„Himmelherrgottsakramentnochmal! Das ist ja die Höhe! Unfähig bist du. Jawohl! Raus mit dir, und wage es nicht, noch einmal unter meine königlichen Augen zu treten!"*

Es ist sehr schwer, gleich den Erzähltext vom Anfang bis zum Ende zu einem Theatertext umzuschreiben. Besser ist es, ihr geht so vor wie bei eurem ersten spontanen Rollenspiel. Wählt einen Erzählabschnitt aus, der euch besonders gut gefällt, und verwandelt diesen in einen Spieltext, in eine Szene. Dieser erste Versuch gelingt am einfachsten zu Hause. Dort, wo ihr ungestört seid, wo Gedanken zu Schmetterlingen werden können, Flügel bekommen und zu flattern beginnen. Durch eure Phantasie beginnt dann die Szene zu leben, und ihr seht sie beim Textschreiben schon auf der

Bühne. Wenn ihr das mit unterschiedlichen Szenen ein paarmal wiederholt, wenn ihr eure Texte in der Klasse vorstellt, mit verteilten Rollen lest, sie besprecht und vergleicht, dann haben sich sicher viele schöne und witzige Einfälle versammelt. Die erste Fassung liegt vor.

Jetzt geht es weiter mit Schwung und Spaß – und wahrscheinlich einem neuen Problem. Es gibt nämlich weniger Rollen im Text als spielfreudige Mitschüler. Also müssen weitere Rollen dazuerfunden werden, die sich in die einzelnen Szenen einbauen lassen. In unserem Stück waren das eine Erzählerin, Diener(innen), eine Hofdame, eine Zauberin, ein Dialekt sprechendes Monster, geheimnisvolle Wahrsagerinnen aus fremden Ländern.

Eurer Phantasie sind keine Grenzen gesetzt. Vielleicht eröffnet ihr jetzt einen Talentschuppen! Wer kann besonders schön singen? Wer spielt ein Instrument? Wer glänzt durch Zauberkunststücke? Wer kann auf den Händen laufen? Dann baut ihr diese Kunststücke einfach an einer passenden Stelle in euren Text ein. Damit habt ihr eine neue Rolle erfunden und gleichzeitig das Stück aufgelockert.

Glück habt ihr, wenn in eurer Klasse viele ausländische Mitschüler sind. Habt ihr schon einmal gehört, wie schön ein polnisches, türkisches oder jugoslawisches Lied klingt? Kennt ihr Tänze aus anderen Ländern? Könnt ihr euch vorstellen, welcher Zauber von all dem ausgehen kann? Laßt euch davon anstecken und sammelt gemeinsam Ideen, wie das Fremde, Interessante und Schöne mit ins Stück eingebaut werden kann.

Selbst mit der 2. Fassung eures Theatertextes ist die Arbeit noch nicht fertig. Nun geht es darum, die einzelnen Szenen – wie in einem Puzzle – zu einem Stück zusammenzufügen. Dabei kommt es natürlich auf die richtige Reihenfolge der Szenen an, denn es darf ja wohl nicht sein, daß die Prinzessin gleich am Anfang ihren Mond bekommt.

Einteilung in Szenen

Bei der Einteilung der Handlung in Szenen macht ihr am besten einen Plan:
- Reihenfolge der Szenen
- An welchem Ort spielt die jeweilige Szene?
- Was passiert?
- Wo liegen die spannenden Handlungsmomente?
- Welche Personen treten auf?

Jede einzelne Szene muß bearbeitet werden, bis zum Schluß das ganze Stück „steht". Vergeßt im Theaterfieber aber nicht, noch einmal an der Sprache eures Textes zu „feilen". Nichts im Theater ist langweiliger als ellenlange Reden von einer Person, sogenannte Monologe. Wollt ihr zum Beispiel dem König zumuten, daß er sich lange Bandwurmsätze einprägen muß? Denkt daran, die Spieler müssen ihren Text auswendig lernen. Je kürzer die Sätze, um so leichter geht das. Außerdem wirken Gespräche (Dialoge) durch kürzere Sätze lebendiger, anschaulicher und spannender.

Prägt euch als Regel ein:
- ergänzen, wo etwas fehlt, damit die Zuschauer die Handlung begreifen;
- streichen, wo etwas überflüssig ist;
- austauschen, wo es bessere Ausdrücke oder phantasievollere Ideen gibt;
- umstellen, wo Satzbau oder Gedankengang unübersichtlich sind.

Regieanweisungen

Jetzt fehlen nur noch die Regieanweisungen. Erinnert euch an die spontanen Rollenspiele. Haben da nicht manchmal Spieler gesagt: „Ich weiß nicht, was ich machen soll!" Wir brauchen also Regieanweisungen. Das sind Sätze, die nicht zum Dialog gehören, die aber genau beschreiben, was die Spieler tun sollen. So kann zum Beispiel vor einem Satz des Königs stehen: *Der König sitzt mit gesenktem Kopf auf dem Thron. Seine Augen blicken traurig, und er spricht langsam mit matter Stimme.*
Regieanweisungen schreiben macht Spaß, denn dabei kann man sich die einzelnen Szenen und das Verhalten der Figuren schon genau vorstellen. Habt also keine Angst, die Regieanweisungen sehr ausführlich zu formulieren. Schon bei den ersten richtigen Proben werdet ihr feststellen, wie sehr sie beim Umsetzen des Textes in das Theaterspiel helfen.
Viele interessante Spielideen entstehen zudem erst bei den Proben selber. Auch der Text gewinnt erst dann seine endgültige Form. Da gilt es, noch einmal zu streichen, weil ihr erst auf der Bühne merkt, daß ein Textteil viel zu lang und langweilig ist. Oder ihr fügt noch etwas hinzu, weil einem während der ersten Proben noch eine phantastische Idee eingefallen ist. Manchmal entstehen solche Ideen sogar aus Pannen, die so lustig sind, daß man sie fest in das Stück einbaut. Auf Probenideen könnt ihr ruhig vertrauen und müßt deshalb nicht traurig sein, wenn euch beim Schreiben der Regieanweisungen manchmal die Gedankenbilder fehlen. Alle Ideen können allerdings nicht verwirklicht werden. Es ist zwar klar, daß sich das Publikum nicht langweilen darf. Aber bedenkt bei euren Ideen auch, daß die herrlichsten Phantasievorstellungen auch machbar sein müssen. Selbst bei dem märchenhaftesten Märchenstück wird es euch nicht gelingen, daß über die Bühne plötzlich sieben echte weiße Hasen rasen.
Und nun noch ein allerletzter Tip: Schaut euch gemeinsam die zur Verfügung stehende Bühne an, denkt an einfallsreiche Auftritts- und Abgangsmöglichkeiten, beachtet den Vorder- und Hintergrund, die Seiten und auch die Mitte der Bühne, die besonders viel Aufmerksamkeit beim Zuschauer erweckt. Genauere Hinweise dazu findet ihr in unserem Bühnenkapitel.
Wenn ihr diese Hinweise beachtet habt, dann liegt ein richtiger Theatertext vor, dann könnt ihr euch stolz als Dichter fühlen. Uns hat schon die Arbeit am Text viel Vergnügen gemacht. Doch wir wollten auch noch Schauspieler werden, so wie ihr sicher auch. Nun müssen daher die Proben beginnen.

4. Die Prinzessin und der Mond. Ein Theaterstück – und wie es gespielt werden kann

Personen

König
Prinzessin
Hofnarr
Mathematiker
Oberhofmarschall
Leibarzt
Zauberin
Erste Dienerin
Zweite Dienerin
Dritte Dienerin
Spanische Hofdame
Türkische Wahrsagerin
Polnische Wahrsagerin
Jugoslawische Wahrsagerin
Traummonster
Erzählerin
Mond

Souffleur/Souffleuse
Requisiteur/-in
Tontechniker/-in
Lichttechniker/-innen
Bühnentechniker/-innen
Programmheft-/Plakatgestalter-/innen
Regisseur/-in

Text

Einleitung

ERZÄHLERIN: Heute möchte ich Euch und Ihnen eine Geschichte erzählen, besser gesagt, ein Märchen. Also, aufgepaßt, es geht los! Es war einmal ein Königreich, das lag an einem blauen, klaren Meer. Palmen standen am weißen Strand, und die Sonne schien das ganze Jahr. Dort lebte eine Prinzessin. Sie hieß Lenore. Ich weiß, der Name klingt nicht gewöhnlich, klingt nach „kuschelweich". Aber es ist nun mal so, die Prinzessin hieß Lenore. Sie war zehn Jahre alt, fast sogar schon elf. Eines Tages wurde sie krank. Sie hatte zuviel Himbeertorte mit Sahne gegessen und mußte das Bett hüten.
(Vorhang auf, Bühnenlicht an, Lenore liegt im Bett, 1. Dienerin steht am Bett mit einem Tablett, auf dem medizinische Geräte liegen.)
Natürlich wurde sofort der königliche Leibarzt gerufen, um nach ihr zu sehen.

---

1. Szene

LEIBARZT: Na, nun wollen wir doch mal sehen, wie es uns geht.
Darf ich um das Herausstrecken der königlichen Zunge bitten?

PRINZESSIN: Aaaaaaaaa.
LEIBARZT: Oh, oh, oh.
(zur danebenstehenden Dienerin mit dem Tablett und den Geräten)
Das königliche Hörgerät!
(horcht ab)
Uiuiuiuiui! Das gefällt mir aber gar nicht.

14

Regiebemerkungen

Einleitung

Die Erzählerin sitzt, z.B. in einem Ohren-
sessel neben einer Wohnzimmerlampe,
seitlich vor dem geschlossenen Vorhang
und strickt bei romantischer Musik.
Vor den ersten Worten läßt sie das
Strickzeug in den Schoß sinken, die
Musik wird bei dieser Bewegung
leiser und hört schließlich ganz
auf. Die Erzählerin muß wie eine
richtige Märchentante
sprechen: mit ruhiger
Stimme, Pausen, einer
guten Betonung und
einer langsamen Satzfolge.
Dabei sollte sie das Pub-
likum, am besten nachein-
ander einzelne Zuschauer
im Publikum, mit ruhigem
Blick anschauen. Die Rolle
der Erzählerin ist daher be-
sonders schwierig. Nach: „es geht
los!" setzt wieder leise Hinter-

grundmusik ein, die etwas lauter wird, sobald der Vorhang sich öffnet. Nach den
letzten Worten der Erzählerin, vor dem Eintreten des Leibarztes, bricht die Musik
schlagartig ab.

---

1. Szene

Der Leibarzt kommt mit bedächtigen Schritten herein. Erst am Bett angelangt,
spricht er. Der Leibarzt redet wie ein lieber, netter Onkel. Das Wort „uns" betont er
besonders. Nach „... Zunge bitten" schiebt er einen Löffel in den Mund der Prin-
zessin.
Das „Aaaa" der Prinzessin klingt kläglich.
Vom „Oh, oh, oh" zum „Uiuiuiuiui" muß eine Steigerung hörbar sein. Zu den
Dienerinnen spricht der Leibarzt in einem befehlenden, herablassenden Ton.

1. DIENERIN:	*(flüsternd)*
	Es gefällt ihm gar nicht!
2. DIENERIN:	Er ist entsetzt!
3. DIENERIN:	Er befürchtet das Schlimmste!
LEIBARZT:	*(zur 1. Dienerin)*
	Das königliche Fernrohr!
	(schaut der Prinzessin in die Augen)
	Eijeijeijeijei!
	(zur 1. Dienerin)
	Lauf geschwind und hole den König!
	Die Prinzessin ist sehr krank!
1. DIENERIN:	*(im Vorbeigehen an den anderen Dienerinnen)*
	Sie ist sehr krank!
2. DIENERIN:	Sie ist sterbenskrank!
3. DIENERIN:	Sie ist fast schon gestorben!
LEIBARZT:	Wenn ich bloß wüßte, was der Prinzessin fehlt!
	Irgendeine Auskunft muß ich dem König geben. Ich bin schließlich der königliche Leibarzt! Mein Gott, was soll ich denn nur sagen?
	Vielleicht Nierenentzündung, Magenschleimhautentzündung, oder: was kommt denn sonst noch so vor?
	Ja! Zum Beispiel Darmgrippe!
	Klingt aber nicht sehr königlich.
	Tennisellenbogen vielleicht, das würde besser passen.
	Wollen doch mal sehen.
	(blättert im Lehrbuch)
	Habe ich auch das richtige Buch?
	(schaut auf den Einband)
	Genau: Wie funktioniert der Mensch?
	Tennisellenbogen? Seite 17, aha!
	(liest)
	Reizung am Ellenbogengelenk. Entsteht durch Greif- und Drehbewegungen mit Kraftaufwand wie bei Tennis, Federball ...

Von der Äußerung der 1. Dienerin bis zu den Worten der 3. Dienerin muß eine Steigerung hörbar sein. Dabei sprechen die Dienerinnen laut flüsternd, tonlos, als wenn sie sich trotz Verbot eine Neuigkeit weitersagen.

Im „Eijeijeijeijei" übertreibt der Leibarzt wichtigtuerisch. Zur Dienerin spricht er im Befehlston.

Wie oben: Die Dienerinnen sprechen laut flüsternd mit einer Steigerung. Die 1. Dienerin geht sehr schnell ab.

Der eben noch „onkelhafte" Arzt wirkt jetzt sehr nervös, geht hastig auf und ab, blättert aufgeregt im Lehrbuch. In seinen ungelenken, fahrigen Körperbewegungen wird seine Ratlosigkeit deutlich. Man merkt ihm an: Er weiß in Wirklichkeit nichts über die Krankheit der Prinzessin.

1. Dienerin: Seine Majestät der König!

König: Kind! Kind! Was muß ich hören!
            Du machst mir Kummer!
            Warum hast du denn auch so viel Himbeertorte gegessen?
            (zum Arzt gewendet)
            Wahrscheinlich eine Darmgrippe oder irre ich mich?
Leibarzt: Majestät irren nicht!
            Genau das habe ich gerade diagnostiziert.
König: *(zu Lenore)*
            Hör zu, mein liebes Kind.
            Ich will dir alles geben, was dein Herz nur wünschen kann, damit du
            wieder gesund wirst. Gibt es irgendwas, was dein Herz begehrt?
Prinzessin: Ja, Papa, es gibt etwas.
            Ich möchte den Mond haben.
            Den Mond möcht' ich haben!
            Wenn ich den Mond habe, werde ich gleich wieder gesund.
König: Den Mond?
            (zum Leibarzt)
            Den Mond will sie haben!
Leibarzt: *(zur 1. Dienerin)*
            Den Mond will sie haben!
1. Dienerin: *(zur 2. Dienerin)*
            Den Mond will sie haben!
2. Dienerin: *(zur 3. Dienerin)*
            Den Mond will sie haben?
Prinzessin: Ja, den Mond will ich haben.
            Wenn ich ihn habe, werde ich gleich wieder gesund.
            Sonst sterbe ich!

            (Vorhang)

18

Die 1. Dienerin kommt hereingelaufen. Beim Erscheinen des Königs stehen die Dienerinnen, die eben noch in gelockerter Haltung dem Leibarzt zugehört und zugesehen haben, stocksteif, mit starrem Blick, wie Soldaten bei einer Parade.
Der König kommt hastig auf die Bühne, nicht wie eine Majestät, sondern wie ein besorgter Vater. Und so spricht er auch.

Bevor der Leibarzt mit dem König spricht, verbeugt er sich vor ihm. Während er spricht, steht er steif dem König zugewandt.
Der König streichelt seiner Tochter die Wangen und schaut ihr liebevoll in die Augen.

Die Prinzessin spricht mit einer schwachen, leidenden Stimme und sehr langsam. Sie weiß, je stärker sie ihr Leid zeigt, um so eher bekommt sie, was sie will.

Alle wiederholen die Worte der Prinzessin, aber alle auf eine unterschiedliche Sprechweise, so daß sich der Wunsch nicht wiederholt, sondern sehr verschieden zum Ausdruck kommt: fragend, erstaunt, entsetzt, abfällig (wie: typisch, diese eingebildete Prinzessin) usw.

Die Prinzessin weiß genau, was sie will. Sie spricht wegen ihrer Krankheit leise, aber sehr bestimmt.

Achtung: unverändert, unbeweglich und schweigend auf der Bühne stehenbleiben, bis der Vorhang ganz geschlossen ist!

---

2. Szene

<table>
<tr><td></td><td>(Vorhang geschlossen)</td></tr>
<tr><td>ERZÄHLERIN:</td><td>Nun will ich Euch erzählen, was weiter geschah: Die Nachricht von der Krankheit der Prinzessin verbreitete sich wie ein Lauffeuer. Nicht nur im Palast wußten in kurzer Zeit alle davon, auch in der Stadt und in den umliegenden Dörfern machte man sich große Sorgen um das Wohlbefinden der Königstochter.</td></tr>
<tr><td></td><td>Der eine oder andere hier wird nun vermuten, daß die Angelegenheit nach dem üblichen Muster eines Märchens verläuft, zum Beispiel: Armer Müllersbursche hört von dem Unglück, eilt ins Schloß, stiehlt mit einem Trick und nur zum Schein den Mond vom Nachthimmel und fordert als Gegenleistung, Schwiegersohn des Königs zu werden und das halbe Königreich zu bekommen.</td></tr>
<tr><td></td><td>Nein, dieses Märchen verläuft ganz anders!</td></tr>
<tr><td></td><td>Seht selbst, wie es weitergeht.</td></tr>
<tr><td></td><td>(Vorhang auf; König auf dem Thron; Glocke daneben; Stuhl)</td></tr>
<tr><td>KÖNIG:</td><td>Es muß mir etwas einfallen, damit meine Tochter gerettet werden kann.</td></tr>
<tr><td></td><td>Irgend etwas!</td></tr>
<tr><td></td><td>Es muß doch eine Möglichkeit geben, an den Mond heranzukommen.</td></tr>
<tr><td></td><td>Es ist zum Verzweifeln!</td></tr>
<tr><td>SPANISCHE HOFDAME:</td><td>(Spanische Musik, Spanische Hofdame erscheint, tanzt, fächert, umkreist den Thron und schimpft dabei auf Spanisch.)</td></tr>
<tr><td>KÖNIG:</td><td>Liebe, verehrte Gräfin!</td></tr>
<tr><td></td><td>Wie oft muß ich Ihnen noch bedeuten, daß wir uns hier nicht am spanischen Hof befinden!</td></tr>
<tr><td></td><td>(Musik aus)</td></tr>
<tr><td>SPANISCHE HOFDAME:</td><td>Perdon!</td></tr>
<tr><td>KÖNIG:</td><td>Bitte?</td></tr>
<tr><td></td><td>Ich verstehe Sie nicht!</td></tr>
<tr><td>SPANISCHE HOFDAME:</td><td>Ich sagte: Entschuldigung!</td></tr>
<tr><td>KÖNIG:</td><td>Nun sagen Sie mir doch, was Sie so aufbringt.</td></tr>
<tr><td>SPANISCHE HOFDAME:</td><td>(setzt sich)</td></tr>
<tr><td></td><td>Was mich aufbringt?</td></tr>
<tr><td></td><td>Sie sitzen hier herum: mutlos, zerknirscht, zerknittert!</td></tr>
<tr><td></td><td>Und ich frage Sie: Hilft das vielleicht weiter?</td></tr>
<tr><td></td><td>(auf Spanisch) Nein! Nein! Nein! Es hilft nicht!</td></tr>
<tr><td></td><td>(auf Deutsch) Nein! Es hilft nicht!</td></tr>
<tr><td></td><td>Es muß etwas geschehen!</td></tr>
<tr><td></td><td>Wozu unterhalten Sie eigentlich einen ganzen Hofstaat?</td></tr>
<tr><td></td><td>Einen gut bezahlten übrigens.</td></tr>
<tr><td></td><td>In Spanien, da wäre schon längst ... aber lassen wir das!</td></tr>
<tr><td></td><td>Lassen Sie doch den Oberhofmarschall rufen. Der soll endlich einmal etwas für sein Geld tun und sich den Kopf so lange zerbrechen, bis ihm eine Lösung einfällt.</td></tr>
<tr><td>KÖNIG:</td><td>Sie meinen?</td></tr>
<tr><td>SPANISCHE HOFDAME:</td><td>Ich meine! (flucht auf Spanisch)</td></tr>
</table>

KÖNIG:	Gräfin, ich kann Ihnen nicht folgen.
SPANISCHE HOFDAME:	*(vornehm)* Ich sagte, daß es angemessen sei, nun endlich etwas zu unternehmen.
KÖNIG:	Gut.
	(läutet dreimal)
1. DIENERIN:	*(erscheint)* Sie haben geläutet?
KÖNIG:	Was sonst?
	Der Oberhofmarschall möge augenblicklich erscheinen!
	(Dienerin ab)
SPANISCHE HOFDAME:	Genau so! Das ist der richtige Ton.
	Man muß mit dem Personal strenger umgehen, als das bisher der Fall war.
	Es ist ja unerträglich, wie die Dienerschaft heutzutage ...
	(schimpft auf spanisch, bis der Oberhofmarschall erscheint)
OBERHOFMARSCHALL:	Majestät, Sie haben mich rufen lassen?
SPANISCHE HOFDAME:	Ja, er hat Sie rufen lassen.
	Wer sonst!
KÖNIG:	Zur Sache!
	Ich wünsche, daß du der Prinzessin Lenore den Mond verschaffst!
	Wenn sie den Mond bekommt, wird sie wieder gesund.
	Besorge ihn noch heute abend!
	Spätestens aber, allerspätestens ... morgen!
OBERHOFMARSCHALL:	Hmm. Hmm. A ... a ... aber, a ... a ... aber ...
	(schneuzt sich unverschämt laut)
SPANISCHE HOFDAME:	Entsetzliche Manieren!
	In Spanien ... ach.
OBERHOFMARSCHALL:	Ich bitte um Entschuldigung, Majestät, da wäre noch ...
KÖNIG:	Nun, ich höre!
OBERHOFMARSCHALL:	*(unterwürfig, schleimig)*
	Wie soll ich sagen, Majestät.
	Ihr wißt, daß ich stets ein treuer Diener war. Ich habe, seitdem ich die Ehre habe, hier am Hofe weilen zu dürfen, eine Menge für Euch besorgt. Es trifft sich zufällig, daß ich eine Liste darüber bei mir habe.
	(zieht eine lange Liste hervor, reckt sich und spricht stolz)

Ich habe Euch Elfenbein, Affen und Pfauen verschafft;

Rubine, Opale und Smaragde;

schwarze Orchideen, rosafarbene Elefanten und blaue Pudel;

Kolibrizungen, Federn von Engelflügeln;

Riesen und Zwerge, ja sogar Seejungfrauen;

Weihrauch, Ambra und Myrrhe;

ein Pfund Butter, zwei Dutzend Eier, eine Tüte Zucker, Milch ...

(verlegen)

Pardon, das letzte hat meine Frau mir einzukaufen aufgetragen.

SPANISCHE HOFDAME: Das ist ja nicht zu fassen!

In Spanien ...

KÖNIG: *(zur Spanischen Hofdame)*

Beruhigen Sie sich, Gräfin!

Mehr Contenance, bitte!

(zum Oberhofmarschall)

Was du mir da vorgelesen hast, ist ja gut und schön, wenn man einmal von dem Gekritzel deiner Frau absieht.

Aber was ich jetzt brauche, ist der Mond!

OBERHOFMARSCHALL: *(bestimmt)* Der Mond, Eure Majestät, kommt leider nicht in Frage. Ich muß zutiefst bedauern.

Er ist 35000 Meilen entfernt und riesengroß, sogar größer als das Schlafzimmer der Prinzessin. Außerdem ist er aus feinstem Honig gemacht. Ich kann ihn Euch nicht herbeischaffen.

Blaue Pudel – jawohl!

Den Mond – nein!

KÖNIG: *(springt wütend auf)*

Himmelherrgottsakramentnochmal!

Das ist ja die Höhe!

Du bist ja vollkommen unfähig!

Raus mit dir, und wage es nicht noch einmal, mir unter meine königlichen Augen zu treten!

(Oberhofmarschall mit vielen Bücklingen rückwärts ab; Spanische Hofdame verfolgt ihn bis Bühnenausgang, drohend; König sinkt verzweifelt auf den Thron.)

(Der Vorhang bleibt geöffnet.)

---

3. Szene

(Spanische Hofdame kehrt zum König zurück, zieht eine Handarbeit aus dem Korb, der neben ihrem Stuhl steht, setzt sich und beginnt mit ihrer Handarbeit. Beide bleiben lange stumm.)

SPANISCHE HOFDAME: *(leise klagend)* Madre mia! Madre mia!

KÖNIG: *(steht nach einer langen Pause auf, geht zur Erzählerin)*

Verzeiht, Gnädigste.

Ich weiß, daß Sie hier die durchaus lobenswerte Aufgabe übernommen haben, die verbindenden Zwischentexte zu sprechen. Aber für meinen Geschmack zieht sich die Geschichte doch sehr in die Län-

	ge. Ich will nicht verhehlen, daß mich die Krankheit meiner Tochter mehr mitnimmt, als ich das erwartet habe.
	Mit einem Wort: Könnten wir nicht einfach die ganze Geschichte und damit die Krankheit meiner Tochter etwas verkürzen?
	Meine Nerven, Sie verstehen?
ERZÄHLERIN:	*(sehr bestimmt)*
	Nein, das geht nicht!
	Wo bleibt denn da die Spannung?
KÖNIG:	Dann nicht.
	Ich hatte auf etwas mehr Verständnis und dafür weniger Spannung gehofft.
	(kehrt auf den Thron zurück)
SPANISCHE HOFDAME:	Die Zeit verstreicht, die Zeit verstreicht.
	Ich hab's, Majestät!
	Laßt die königliche Zauberin rufen. Vielleicht kann die helfen.
KÖNIG:	*(im Befehlston zur Dienerin)*
	Die königliche Zauberin möge sich schleunigst aus ihrer Zauberhöhle in den Palast bewegen!
1. DIENERIN:	Sehr wohl, Majestät.
	(schnell ab)
2. DIENERIN:	*(erscheint mit Tablett und Teegeschirr)*
	Five o'clock. Teatime!
	(serviert den beiden je eine Tasse, in diesem Moment schlägt die Uhr fünfmal)
SPANISCHE HOFDAME:	*(trinkt vornehm mit abgespreiztem kleinen Finger)*
	Köstlich, dieser Darjeeling Olong!
	(2. Dienerin ab)
KÖNIG:	Deliziös! Fürwahr!
	(Licht abblenden, Zaubermusik erklingt)
ZAUBERIN:	*(erscheint mit Wunderkerzen in der Hand und magischem Gemurmel, Musik leiser)*
	„In Blitzesschnelle
	bin ich zur Stelle,
	mit glühender Sternenpracht
	zeig' ich meine Zauberkraft."
KÖNIG:	*(gelangweilt)*
	Zauberhaft. Zauberhaft.
ZAUBERIN:	*(stolz)*
	Das will ich meinen!
	Ich nehme an, daß ihr noch eine Kostprobe meiner Zauberkunst zu sehen wünscht.
KÖNIG:	So ist es, in der Tat!
ZAUBERIN:	Gut denn!
	So will ich Euch etwas Sensationelles vorführen, etwas Einmaliges, Großartiges!
	Akrakadabra! Akrakadabra, Fidibus! Dreimal schwarzer Kater!
	(zieht ein weißes Stoffkaninchen aus dem Zylinderhut)
KÖNIG:	*(gelangweilt)*
	Wahnsinnig aufregend.

Welch eine Überraschung.

Ein weißes Kaninchen.

(wütend)

Offen gestanden, diese Nummer sieht man in jedem zweitklassigen Schultheater!

ZAUBERIN: Bitte, wenn Ihr meint.

Ich kann mich ja auch wieder zurückziehen.

SPANISCHE HOFDAME: Nicht doch, bleibt!

Wer wird denn so schnell beleidigt sein.

Der König braucht nun mal kein weißes Kaninchen, sondern etwas viel Wichtigeres.

Der König braucht den Mond!

KÖNIG: Wenn die Prinzessin Lenore den Mond nicht bekommt, wird sie sterben müssen!

ZAUBERIN: Den Mond?

Meint Ihr wirklich den Mond?

Ich habe in meiner Amtszeit eine Menge für Euch gezaubert, Majestät!

Zufällig habe ich eine Liste all dieser Zaubereien bei mir.

(zieht Liste hervor, liest wichtigtuerisch)

Laßt mich mal sehen.

Ich habe für Euch Blut aus Steckrüben und Steckrüben aus Blut gequetscht.

KÖNIG: *(genervt, unwillig)*

Ja, ja.

ZAUBERIN: Ich habe Euch aus nichts Blumen und Tauben gezaubert

und dann wieder nichts aus Blumen und Tauben.

Ich habe Euch Wünschelruten, Zauberstäbe und Kristallkugeln verschafft, um darin die Zukunft zu schauen.

KÖNIG:	Ja, ja.
ZAUBERIN:	Ich habe Euch meine eigene Spezialmischung aus Nachtschatten, Eisenhut und Adlertränen angefertigt, um Hexen, Dämonen und die Spukgeister der Nacht abzuwehren.

KÖNIG: Ja, ja.

ZAUBERIN: Ich habe Euch meine eigene Spezialmischung aus Nachtschatten, Eisenhut und Adlertränen angefertigt, um Hexen, Dämonen und die Spukgeister der Nacht abzuwehren.
Ich versah Euch mit Siebenmeilenstiefeln und mit einer Tarnkappe ...

KÖNIG: *(unbeherrscht)*
Die Tarnkappe funktionierte aber nicht! Ich bin damit überall angestoßen!

ZAUBERIN: *(belehrend)*
Majestät, von einer Tarnkappe kann man nur erwarten, daß sie Euch unsichtbar macht. Sie kann Euch aber nicht davor bewahren, überall anzustoßen.
(fährt mit der Liste fort)
Ich brachte Euch ein Waldhorn aus dem Elfenreich.
Sand vom Sandmann
und Gold vom Regenbogen.
Ferner Schnupftabak, eine Flasche Bier und 200 Eisennägel ...
Pardon, diese letzten Sachen schrieb mir mein Mann auf, damit ich sie ihm besorgen soll.

SPANISCHE HOFDAME: Das ist ja nicht auszuhalten!!!
(auf spanisch) Hexe!

KÖNIG: Was ich jetzt von dir wünsche, ist der Mond!
Nichts weiter als den Mond mußt du mir herbeizaubern!
Sofort!

ZAUBERIN: Majestät, seid nicht erzürnt, wenn ich Euch klipp und klar erkläre:
Den Mond kann niemand bekommen.
Er ist 150 000 Meilen entfernt und aus Ziegenkäse gemacht. Außerdem ist er zweimal so groß wie Euer ganzer Palast.

KÖNIG: *(brüllt furchtbar)*
Rrrraus!!!
(Zauberin schnell ab)

ERZÄHLERIN: Wie unschwer zu erkennen ist, gerät der König in helle Wut über diese wenig hilfreiche Antwort. Er diskutiert erregt mit der Spanischen Hofdame.
(König und Spanische Hofdame diskutieren ganz leise miteinander)
Diese Beratung ergibt folgendes:
In entscheidenden Fällen versagt der ganze Zauberschnickschnack!
Es gibt nur eine Lösung, die Wissenschaft muß zu Rate gezogen werden.
Also kommt man überein, den königlichen Mathematiker vorzuladen.
Die Spanische Hofdame ist indessen derart entnervt, daß sie es vorzieht, der Szene nicht beizuwohnen.
Sie zieht sich in ihre Gemächer zurück, um sich mit Hilfe eines Likörs von den erlittenen Strapazen zu erholen.
(König und Spanische Hofdame gehen leise diskutierend ab)

(Vorhang)

4. Szene

(Der Thron mit der Rückseite zum Publikum. Der König ist allein auf der Bühne. Man sieht nur, daß er weit ausgebreitet eine Zeitung mit dem Namen „Die Zeit" liest. Der König dreht sich nach einigen Momenten aus dem Thron heraus nach rückwärts, so weit, daß er über die Schulter scheinbar überrascht das Publikum entdeckt. Er läßt die Zeitung sinken, steht auf, dreht den Thron mit der Vorderseite zum Publikum, setzt sich wieder und liest weiter.)

KÖNIG: Die Zeit ... verstreicht, die Zeit verstreicht.

(läßt die Zeitung sinken)

Das Leben im Land nimmt seinen Lauf.

Nur mir ist es nicht vergönnt, ein kleines Stück vom Glück zu erhaschen.

(kurze Denkpause, dann stolz)

Das hab' ich wirklich schön gesagt.

Wenn ich traurig bin, fallen mir die schönsten Sätze ein.

(Pause, dann wütend)

Wo bleibt denn dieser Kerl?

Ich bin es nicht gewohnt zu warten!

1. DIENERIN: *(erscheint)*

Majestät, darf ich untertänigst den königlichen Mathematiker melden?

KÖNIG: Er möge erscheinen!

Und zwar ein bißchen plötzlich!

(Dienerin ab)

MATHEMATIKER: *(erscheint mit großem Schultafel-Lineal, Dreieck und Schreibblock; mißt jeden Schritt ab und notiert; stößt in Gedanken versunken dabei überrascht an den Thron)*

26

Oh, Majestät, verzeiht.

Ich war so in meine Berechnungen vertieft, daß ich alles um mich herum vergaß.

Ich hoffe, daß Ihr dieses unmögliche Benehmen einem Wissenschaftler nachseht.

Darf ich hoffen?

KÖNIG: Du darfst!

Und damit du's gleich weißt:

Ich will keine lange Liste vorgelesen bekommen von allem, was du seit anno Tobak für mich ausgerechnet hast.

(springt auf)

Ich will hier auf der Stelle wissenschaftlich errechnet haben, wie man den Mond für die Prinzessin Lenore beschaffen kann!

MATHEMATIKER: *(setzt sich nieder)*

Ich freue mich sehr, Majestät, daß Ihr Euch an all das erinnert, was ich Euch seit 1907 ausgerechnet habe.

Natürlich habe ich rein zufällig eine Liste dabei, aus der meine geleisteten Dienste wissenschaftlich zweifelsfrei hervorgehen.

(blättert im Schreibblock)

Beginnen wir mit dem Frühherbst 1907, Hochwohlgeboren.

KÖNIG: Laß den öligen Ton und verschone mich gefälligst mit Kleinigkeiten.

MATHEMATIKER: Sehr wohl, Majestät.

Ich beschränke mich gerne nur auf die wirklich großen Leistungen.

Schenkt mir einen Augenblick Euer königliches Gehör und Ihr macht mich zum glücklichsten Untertan Eures Reiches.

KÖNIG: *(unwillig, gelangweilt)*

Also gut. Mach schnell.

(nimmt die Zeitung wieder auf und beginnt zu lesen)

MATHEMATIKER: Aber Majestät, Eure Aufmerksamkeit ...

KÖNIG: *(liest weiter)*

Du batest um mein königliches Gehör, von meinen Augen war nicht die Rede.

MATHEMATIKER: *(spricht extra laut, um den König beim Lesen zu stören)*

Ich habe Euch die Entfernungen zwischen Tag und Nacht sowie zwischen A und Z errechnet.

Ich habe mathematisch geschätzt,

wie weit Aufwärts liegt,

wie lange es währt, um nach Hinweg zu kommen,

und was aus der Vergangenheit wird.

Ich habe die Länge der Seeschlange festgestellt,

den Wert des Unschätzbaren berechnet

und das Maul des Nilpferdes vermessen.

Ich weiß, wieviel Ichs Ihr haben müßt, um ein Wir auszumachen,

und wieviel Vögel Ihr mit dem Salz des Ozeans fangen könnt.

Nämlich exakt: 187 796 132, wenn es Euch interessieren sollte.

KÖNIG: *(abschätzig, gelangweilt)*

Soviel Vögel gibt es überhaupt nicht.

(wütend, schleudert Zeitung beiseite)

Und überhaupt!

	Nun ist es genug mit dem Papperlapapp!
	Was ich jetzt brauche, ist der Mond!
MATHEMATIKER:	Aber, Majestät, wißt Ihr denn, was Ihr da von mir verlangt:

MATHEMATIKER:
Aber, Majestät, wißt Ihr denn, was Ihr da von mir verlangt: das wissenschaftlich schier Unmögliche!
(stolz)
Der Mond ist, exakt berechnet, 317 421 Meilen entfernt.
Er ist rund und flach wie eine Münze, nur, daß er aus Asbest gemacht ist.
Er ist halb so groß wie Euer ganzes Königreich, und überdies ist er am Himmel festgeklebt.
Den Mond kann niemand herunterholen.
Glaubt mir, Majestät, nicht einmal ich!
Und das soll nun wirklich etwas heißen, bei aller Bescheidenheit.

KÖNIG:
(leise, aber in scharfem Ton)
Und wenn es mir nun einfiele, dir mit dem Galgen zu drohen?
Würde dir dann vielleicht eine Lösung einfallen?

MATHEMATIKER:
Aber, aber ... Majestät ...
Ich muß gestehen, daß eine solche Drohung meine Gehirnzellen erstaunlich belebt. Ich kann es ja einmal versuchen.
Vielleicht gibt es irgendeine Möglichkeit.
Obwohl, offen gestanden, im Moment fehlt mir noch die zündende Idee.
(denkt laut vor sich hin, dabei langsam ab)
Aber vielleicht sollte ich in meine Überlegungen miteinbeziehen, daß die Mondoberfläche auf der Rückseite bei 155 Grad westlicher Länge und 3 Grad südlicher Breite einen gewissen Ansatzpunkt bietet, der bei sorgfältiger Analyse gerade in Bezug auf seine Klebefläche eine eventuelle ...

(Vorhang)

---

5. Szene

(Diese „Erzählszene" spielt vor dem geschlossenen Vorhang. Die Schüler werden zu träumerischen Erzählern.)

ERZÄHLERIN:
Liebes Publikum, wenn Sie wüßten, was hier alles in der Zwischenzeit geschehen ist: Nichts!
Seit mehreren Mond-, Dienst- und Donnerstagen hat es niemand geschafft herauszufinden, wie man den Mond besorgen kann.
Die Prinzessin leidet. Der König auch. Der Fall scheint hoffnungslos.
Die Stimmung am Hof hat den Tiefpunkt erreicht.
Manchmal kann man die Prinzessin aus dem Ostflügel des Schlosses laut rufen hören, immer und immer wieder dasselbe:
(dreht sich horchend zum Vorhang um)

PRINZESSIN:
(hinter Vorhang)
Ich will den Mond!
Den Mond will ich haben!

ERZÄHLERIN:	Haben Sie das gehört? So geht das Tag für Tag. *(verzweifelt)* Jeder hier ist zermürbt und verschmachtet und von den unergründlichsten Krankheiten umnachtet.
SPANISCHE HOFDAME:	*(erscheint durch den Vorhang)* Weißt du was?
ERZÄHLERIN:	Nein!
SPANISCHE HOFDAME:	Ich habe geträumt.
ERZÄHLERIN:	Was?
SPANISCHE HOFDAME:	*(setzt sich zur Erzählerin, spricht verträumt zum Publikum)* Heute nacht träumte ich, ich hielte den Mond in der Hand, wie eine große, gelbe Kegelkugel, und dann schob ich ihn ins Land, als ginge es um alle Neune. Der Mond warf einen Wald um, eine alte Scheune, oh je, und dann rollte er in die See.
ERZÄHLERIN:	Ja, und dann?
SPANISCHE HOFDAME:	*(unwirsch zur Erzählerin)* Nichts dann! Dann bin ich aufgewacht.
ERZÄHLERIN:	Schade. *(Leibarzt erscheint)* Oh! Der königliche Leibarzt. Sagen Sie, träumen Sie denn auch manchmal vom Mond?
LEIBARZT:	Ich? Ja, natürlich! Wir alle träumen nur noch vom Mond. *(setzt sich zur Erzählgruppe)* Heute nacht zum Beispiel träumte ich, ich würfe den Mond ins Meer. Alle Fische erschraken und die Wellen spritzten umher und löschten alle Sterne. Und eine gewaltige Stimme, ganz aus der Ferne, schimpfte: Wer pustet mir mein Licht aus? Jetzt ist es ganz dunkel in meinem Haus.
MATHEMATIKER:	*(erscheint gemeinsam mit der Zauberin)* Habe ich richtig gehört? Von Mondträumereien ist hier die Rede? *(die anderen nicken, Mathematiker und Zauberin setzen sich)* Merkwürdig. Ich träumte, es wäre rabenfinster in einem Zirkel um mich her. Da kam ein spitzes Dreieck auf mich zugeschlichen. Ich floh und rannte über Dörfer und stolperte, kaum war ich da dem Kirchturm ausgewichen, über den Mond und fiel ins Meer. Ach, ich bin noch ganz benommen …
LEIBARZT:	*(zum Mathematiker, macht sich über ihn lustig)* Hoffentlich haben Sie keine Erkältung bekommen!

MATHEMATIKER:	*(verärgert)*
	Sehr originell!
ZAUBERIN:	Ich träumte, ich sei der Mond selber!
ALLE:	Was?
	Tatsächlich?
	Na, so was!
ZAUBERIN:	Doch!
	Ich träumte, ich sei der Mond im Meer.
	Alle Fische glotzten und standen im Kreis umher.
	So lag ich seit Jahren,
	sah über mir die Schiffe fahren,
	und dachte, wenn jetzt wer über Bord sich biegt und sieht,
	wer hier liegt,
	zwischen Schollen und Flundern,
	na, der wird sich wundern.
	(alle lachen)
ERZÄHLERIN:	Jetzt fehlt in unserer Traumrunde eigentlich nur noch …
OBERHOFMARSCHALL:	*(erscheint mit großen Schritten, angeberisch; bleibt während der Erzählung stehen)*
	Der königliche Oberhofmarschall!
	(die anderen stöhnen entsetzt, schlagen sich vor die Stirn)
	Selbst ich träumte, selbst ich!
	Ich war im Traum ein Zirkuspferd mit einem roten Federbusch.
ERZÄHLERIN:	Das paßt zu Ihnen!
OBERHOFMARSCHALL:	Ich war ein aufgespreizter Pfau!
ALLE:	Genau!
OBERHOFMARSCHALL:	Ich war das Mondkalb auf der Weide.
	Ich war eine bunte Seifenblase und platzte.
	Ich war ein Stern am Mercedes.
	Ich war ein Auto mit Flügeln.
	Und ich war ungeheuer klug …
LEIBARZT:	*(unbeherrscht)*
	Doch nur im Traum!
	Es ist genug!
OBERHOFMARSCHALL:	Ich konnte jedes Buch in jeder Sprache lesen.
	Ich war, ich war …
KÖNIG:	*(erscheint schnell und ungehalten)*
	Ein Dummkopf!
	Bist's ja lange schon gewesen!
	(die anderen kichern)
	Was geht hier vor?
SPANISCHE HOFDAME:	*(bleibt vor der Gruppe stehen; Oberhofmarschall setzt sich unauffällig)*
	Majestät, tun Sie uns den Gefallen und erzählen Sie uns auch einen Mondtraum.
	(alle durcheinander)
ALLE:	Oh, ja, bitte!
KÖNIG:	Also, da bin ich im Moment doch sehr überrascht.
	Ich weiß nicht. Soll ich wirklich?

ALLE:	Ja, natürlich, bitte!
KÖNIG:	Nun gut!

Ich träume sogar manchmal ziemlich furchtbar.
Es ist schrecklich.
(wendet sich halb zum Publikum, halb zum Vorhang; bei leiser Traummusik öffnet sich langsam der Vorhang)
Ich träumte, daß ich nachts nicht schlafen konnte. Ich beschloß, aufzustehen, wandelte ziellos in meinem königlichen Schlafgemach hin und her. Dann passierte etwas Sonderbares:
(König geht ziellos auf dunkler Bühne hin und her; Erzählgruppe wendet sich dem Bühnengeschehen zu; Musik wird immer lauter)

(Vorhang ganz auf)

---

6. Szene

(Dämmriges Bühnenlicht; König sieht das still im Hintergrund liegende schwarze Monster nicht; stößt mit dem Fuß dagegen; Monster springt auf; in dieser Szene spricht vor allem der Körper.)

MONSTER:	Uuuuaaaah!
	Uuuuaaaah!
	Uuuuaaaah!
	(verfolgt den König)
KÖNIG:	*(ängstlich)*
	Wer bist du?
	Was willst du?
	(Musik schlagartig aus)

MONSTER:	Ich bin ein Traummonster!
	Uuuuaaaah!
	Ich will dir helfen!
KÖNIG:	Ich brauche keine Hilfe!
MONSTER:	Brauchst du doch!
KÖNIG:	Nein, nein!
MONSTER:	Ich weiß, daß du den Mond für deine Tochter brauchst.
	Dazu brauchst du meine Hilfe.
	Uuuuaaaah!
	Ich kenne drei Wahrsagerinnen.
	Sie kommen aus fernen Ländern und sind berühmt für ihre Künste.
	Sie werden dir helfen.
KÖNIG:	Ich sage noch einmal: Ich brauche keine Hilfe!
	(entschieden)
	Und schon gar nicht von irgendwelchen Wahrsagerinnen!
MONSTER:	Zu spät!
	Ob du willst oder nicht, ich habe die Damen schon eingeladen.
	(ab)
KÖNIG:	*(wirft sich verzweifelt auf den Thron)*
	Oh nein, nein, nein und nochmals nein!
	(türkische Musik erklingt, türkische Wahrsagerin erscheint, umtanzt den Thron, ergreift die Hand des Königs, liest darin und spricht türkisch auf ihn ein)

Was soll das?

Ich verstehe kein einziges Wort, nicht ein einziges!

*(türkische Musik aus; polnische Musik erklingt, polnische Wahrsage-
rin erscheint mit einer Kugel, umtanzt den Thron, spricht polnisch auf
König ein)*

*(polnische Musik aus; jugoslawische Musik erklingt, jugoslawische
Wahrsagerin erscheint mit Karten, umtanzt den Thron, breitet Karten
vor dem König aus und spricht jugoslawisch auf ihn ein)*

(alle Wahrsagerinnen sprechen durcheinander; Musik leiser)

Ich verstehe überhaupt nichts!

Kein Wort!

*(Musik aus; Wahrsagerinnen sprechen durcheinander weiter auf den
König ein)*

Herrgott, was geht denn hier vor?

Hört auf!

Aufhören!

Sofort!

*(die drei Wahrsagerinnen umkreisen laut murmelnd den Thron; König
springt auf, rennt zum Vorhang und zupft daran)*

Vorhang! Vorhang!

Ich halt' das nicht mehr aus!

(Vorhang, sehr schnell; Spieler der Erzählgruppe unauffällig ab)

7. Szene

(Vorhang zunächst noch geschlossen; Licht im Zuschauerraum; lustige Musik; Hofnarr tritt von hinterer Tür des Zuschauerraums auf, schneidet Fratzen, pfeift mit Trillerpfeife, schlägt Rad; schubst dann den Vorhangtechniker beiseite und öffnet laut pfeifend den Vorhang; springt auf die Bühne, greift sich die Dienerinnen und tanzt mit ihnen zur lustigen Musik.)

KÖNIG: *(erscheint mit energischen Schritten)*
Was ist denn jetzt schon wieder los?
Sind wir inzwischen in einem Irrenhaus?
(Musik aus; Dienerinnen schnell auf Position)

HOFNARR: *(frech)*
Das habt Ihr gesagt, Majestät!

KÖNIG: Du! Treib es nicht zu weit!

HOFNARR: Ich wollte Euch nur ein wenig aufheitern.

KÖNIG: Ha, ha!

HOFNARR: Ihr seht so traurig aus.
Kann ich irgend etwas für Euch tun, Majestät?

KÖNIG: *(setzt sich)*
Mach mir etwas Lustiges vor, damit ich endlich wieder einmal lachen kann!
(Hofnarr macht übertriebene Fratzen)
Find' ich überhaupt nicht komisch!

HOFNARR: *(setzt sich vor den König auf den Boden)*
Was macht Euch denn so traurig, Majestät?
Erzählt's mir doch, vielleicht kann ich Euch helfen.

KÖNIG: Du? Warum ausgerechnet du?

HOFNARR: Weil Narren die Wahrheit kennen!

KÖNIG: Glaubst du!
Na gut. Hör zu:
Die Prinzessin Lenore möchte den Mond haben, sonst wird sie nicht wieder gesund. Aber niemand kann ihr den Mond herbeiholen. Jedesmal, wenn ich jemanden um den Mond bitte, wird er größer und entfernter.
Du siehst, du kannst nichts für mich tun.

HOFNARR: Von welchen Größen und Entfernungen spricht man denn?

KÖNIG: *(wütend)*
Der eine sagt, er sei 35 000 Meilen entfernt und größer als das Zimmer der Prinzessin Lenore.
Der andere behauptet, er sei 150 000 Meilen entfernt und zweimal so groß wie mein Palast.
Und der Dritte will errechnet haben, er sei mehr als 300 000 Meilen entfernt und halb so groß wie mein Königreich.

HOFNARR: So! Das behaupten sie!
Jetzt kenne ich das Problem.
(springt auf)
Majestät, Eure drei Berater sind sicher sehr gelehrt, und es ist klar, daß alle drei recht haben.

KÖNIG:	Versteh' ich nicht.
HOFNARR:	Wenn sie alle drei recht haben, dann muß der Mond für jeden von ihnen genauso groß und so weit entfernt sein, wie jeder glaubt. Man braucht nun also nur noch die Prinzessin Lenore zu fragen, was sie über die Größe und Entfernung des Mondes denkt. Von ihrer Antwort hängt die Lösung ab.
KÖNIG:	*(begeistert mit sich überschlagender Stimme)* Das ist ja eine fabelhafte Idee! Phantastisch! *(gönnerhaft)* Du bekommst sofort eine Gehaltserhöhung. *(gibt Hofnarr eine Münze)*
HOFNARR:	*(hält Hand auf, prüft die Münze)* Ach, Majestät, das wäre doch nicht nötig gewesen. Ich tue nur meine Narrenpflicht. *(steckt Münze schnell in die Tasche)* Der Narr spricht wahr, wenn die Gelehrten scheitern.
KÖNIG:	Aber wer soll die Prinzessin fragen?
HOFNARR:	Ganz einfach: Ich!
KÖNIG:	Einverstanden. Dann will ich sie herrufen. Vorausgesetzt, sie fühlt sich nicht zu schwach. *(König ab; bis Prinzessin erscheint, hüpft der Hofnarr auf dem Thron Trampolin; Dienerinnen kichern und tuscheln, verstummen aber schlagartig, wenn die Prinzessin erscheint)*
PRINZESSIN:	*(erscheint; freundlich)* Hast du mir den Mond mitgebracht?
HOFNARR:	*(bleibt frech auf dem Thron sitzen)* Noch nicht. Aber ich bin gerade dabei, ihn dir zu holen. *(springt auf, hüpft um die Prinzessin herum)* Sag mal, was denkst du, wie groß der Mond sein könnte?
PRINZESSIN:	Das ist doch klar: Er ist ein bißchen kleiner als mein Daumennagel.
HOFNARR:	Was? So klein?
PRINZESSIN:	Ja, so klein. Denn wenn ich meinen Daumen- nagel gegen den Mond halte, *(macht es vor)* deckt er ihn gerade zu.
HOFNARR:	Aha! Und wie weit, glaubst du, ist er entfernt?
PRINZESSIN:	Er hängt nicht ganz so hoch, wie die Baum- krone vor meinem Fenster, denn manchmal bleibt er in den höchsten Zweigen des Baumes hängen.

35

HOFNARR:	Das ist es!
	(macht einen Luftsprung)
PRINZESSIN:	Was meinst du?
HOFNARR:	Heute nacht, wenn der Mond in den oberen Zweigen hängt, klettere ich auf den Baum und hole ihn dir herunter.
	Versprochen!
PRINZESSIN:	Ist das wahr? Wirklich?
	Ach ... du bist ... du bist ...
	(umarmt den Hofnarren)
HOFNARR:	*(gelassen, „cool")*
	Ich weiß.
	Ich bin der Größte.
	Aber einen Gefallen mußt du mir auch tun.
PRINZESSIN:	Jeden!
HOFNARR:	Du mußt mit mir Bocksprünge machen.
PRINZESSIN:	Wenn's weiter nichts ist.
	Ich fühle mich schon viel besser.
HOFNARR:	Also: Auf die Plätze. Fertig. Los!
	(machen Bocksprünge; Hofnarr hält plötzlich ein)
	Aber sag mal:
	Woraus ist eigentlich der Mond gemacht?
PRINZESSIN:	*(lacht)*
	Was bist du nur für ein Dummkopf!
	Das weiß doch jeder!
	Natürlich aus Gold!
	(gehen mit Bocksprüngen ab; die Dienerinnen mit Bocksprüngen hinterher)
	(Vorhang)

---

8. Szene

ERZÄHLERIN:	*(vor geschlossenem Vorhang)*
	Inzwischen ist folgendes passiert:
	Der Hofnarr ging zum königlichen Goldschmied und ließ bei ihm einen winzigen goldenen Mond anfertigen. Gerade ein wenig kleiner als der Daumennagel der Prinzessin Lenore. Dann wurde dieser goldene Mond an einem goldenen Kettchen befestigt, damit ihn die Prinzessin als Halsschmuck tragen kann.
	Und am späten Abend, nachdem der himmlische Mond am Fenster der Prinzessin vorbeigezogen war, überreichte der Hofnarr im Beisein des Königs der Prinzessin das Kettchen mit dem goldenen Mond. Die Prinzessin war überglücklich und sofort vollkommen gesund. Sie spielte am nächsten Tag sogar wieder fröhlich im Garten und übte Bocksprünge und Purzelbäume.
	Aber der König wußte, daß der Mond am Abend wieder am Himmel aufgehen würde. Wenn die Prinzessin ihn sieht, dachte er, wird sie merken, daß der Mond an ihrer Halskette nicht der echte Mond ist.

Das machte ihn nachdenklich. Um eine Lösung zu finden, befahl er den Oberhofmarschall, die Zauberin und den Mathematiker zu sich.
(zum Vorhangtechniker)
Mach mal den Vorhang auf!
(Oberhofmarschall, Zauberin und Mathematiker stehen in strammer Haltung auf der Bühne; König schreitet wie ein General die Reihe ab)

KÖNIG: Wir müssen verhindern, daß die Prinzessin heute abend den Mond sieht.
(im Befehlston zum Oberhofmarschall)
Du!
Denk dir was aus!

OBERHOFMARSCHALL: Hm. Hm.
Das ist doch einfach, Majestät!
Wir könnten der Prinzessin eine schwarze Brille anfertigen lassen.

KÖNIG: *(empört)*
Kompletter Unsinn!
Wer wird denn mit einer Brille ins Bett gehen!
Geh mir aus den Augen, Dummkopf!
(Oberhofmarschall mit vielen Bücklingen ab; zur Zauberin)
Und du?
Was hast du dir ausgedacht?

ZAUBERIN: Ich weiß, was wir tun können, Majestät.
Wir hängen schwarze Samtvorhänge auf, um den ganzen Palast und über alle Gärten. Dann sieht das Schloß wie ein schwarzes Zirkuszelt aus.
Uih, wird das dunkel.

KÖNIG: Dummes Zeug!
Mein schöner Palast ein schwarzes Zirkuszelt?
Wo gibt's denn so was!
Und außerdem halten schwarze Samtvorhänge die frische Luft ab.
Die Prinzessin würde sofort wieder krank werden.
Geh mir aus den Augen, Schwatzweib!
(Zauberin ab; zum Mathematiker)
Die Wissenschaft ist meine letzte Hoffnung.
Was hast du für einen Vorschlag?
(Pause)

MATHEMATIKER: *(schreitet nachdenklich, stumm ein Rechteck ab, bleibt abrupt vor König stehen)*
Ich hab's!
Wir könnten jede Nacht im Garten ein grandioses Feuerwerk abbrennen.
Wir werden Leuchtfontänen aus Silber aufsteigen lassen, sprühende Sternschnuppen aus Gold und Leuchtkugeln, Hunderte von Leuchtkugeln. Wenn die verpuffen, wird der Himmel taghell erleuchtet sein, und die Prinzessin kann den Mond nicht sehen.

KÖNIG: *(wütend)*
Oh, nein!
Das darf doch nicht wahr sein.
Was für eine verrückte Idee!

Schwachsinnig! Albern! Dumm!

Das laute, helle Feuerwerk würde die Prinzessin am Einschlafen hindern und sofort wäre sie wieder krank.

Mach, daß du wegkommst, Schwachmathiker!

(Mathematiker ab; König wirft sich verzweifelt auf den Thron, bleibt in Grübelhaltung sitzen; Denkpause)

ERZÄHLERIN:
So *(deutet auf den König)* sitzt er und sitzt er, grübelt und grübelt.

Nichts kommt dabei heraus.

Schließlich ist es draußen dunkel geworden.

Und was geschieht, wenn es dunkel wird? Na?

(fordert mit Handbewegung Publikum zur Antwort auf)

PUBLIKUM:
(vielleicht) Der Mond geht auf!

ERZÄHLERIN:
Genau! Richtig!

Der Mond geht auf.

So schwer war das doch gar nicht.

MOND:
(erscheint im Bühnenhintergrund, bewegt sich ganz langsam im Hintergrund zur Bühnenmitte)

ERZÄHLERIN:
Der König nimmt die Hände vom kummervollen Gesicht, dreht sich um, sieht den Mond, springt entsetzt auf und sagt:

KÖNIG:
(König tut dies in dem Moment, in dem die Erzählerin die Bewegung beschreibt)

Oh, je! Der Mond!

Wenn die Prinzessin den Mond sieht, wird sie sofort wieder krank.

ERZÄHLERIN:
In diesem düsteren Augenblick seines Lebens erscheint zur rechten Zeit der Hofnarr.

(Hofnarr hüpft auf einem Bein herein)

KÖNIG:
Hör auf mit dem Herumgehüpfe!

Sing mir lieber ein Lied vor.

Eins, was mich von diesem schrecklichen Anblick *(deutet auf den Mond)* ablenkt.

HOFNARR:
(in Sängerpose)

(singt) Mimimimi ...

Der Mond ist aufgegangen, die goldnen ...

KÖNIG:
(platzt fast vor Wut)

Bist du verrückt geworden?

Noch einmal so eine Unverschämtheit und ich lasse dich in den Turm werfen!

HOFNARR:
Majestät, warum so verzweifelt?

Wenn Eure Gelehrten **den da** *(zeigt auf den Mond)* nicht verstecken können, dann kann man ihn nicht verstecken.

KÖNIG:
Und wenn die Prinzessin den Mond sieht?

HOFNARR:
Na und?

Wer wußte, wie man den Mond bekommen kann?

Die Prinzessin selber.

Daher ist die Prinzessin klüger als alle Eure Gelehrten und weiß vom Mond mehr als sie.

Sie wird auch hierfür eine Erklärung haben.

Wißt Ihr was? Ich werde die Prinzessin gleich fragen.

(hüpft ab)

KÖNIG:	Aber ... Aber ...
HOFNARR:	*(vor Bühnenausgang)*
	Nichts aber!

(Vorhang)

---

9. Szene

(Vorhang auf)
(Prinzessin mit dem Rücken zum Publikum, betrachtet den Mond; Hofnarr schleicht von der Seite herein, spricht leise zum Publikum)

HOFNARR:	Oh Schreck, sie hat ihn gesehen!
	Was nun wohl in ihrem Kopf vorgeht?
	(tippt Prinzessin auf die Schulter; diese dreht sich um)
PRINZESSIN:	Ach, du bist es!
HOFNARR:	Ja, ich bin's, und ich würde gerne wissen, was du denkst.
PRINZESSIN:	Was meinst du?
HOFNARR:	Wie kann der Mond am Himmel scheinen, wenn er doch an deinem Hals an einem goldenen Kettchen hängt?
PRINZESSIN:	*(lacht)*
	Was bist du doch für ein rechter Narr!
	Du weißt auch gar nichts, stellst nur dumme Fragen.
	Wenn ich einen Zahn verliere, wächst ein neuer nach.
	Und wenn der Gärtner im Garten Blumen schneidet, blühen andere Blumen wieder auf.
	So einfach ist die Antwort.
HOFNARR:	So einfach ist das!
	Darauf hätte ja selbst ich kommen können!
	Das ist doch dieselbe Geschichte wie mit dem Tageslicht.
PRINZESSIN:	Ja, und mit dem Mond ist es auch dieselbe Geschichte.
	Ich denke, das ist mit allen Dingen der Welt dieselbe Geschichte.
HOFNARR:	Du hast recht, doch wie soll das ein einfacher Narr wissen?
PRINZESSIN:	*(lacht fröhlich)*
HOFNARR:	*(mit Luftsprüngen)*
	So gefällst du mir!
	So gefällt mir die Nacht.
	Es ist eine Nacht für ein Fest im Mondlicht.
	Laßt uns alle zusammen feiern und uns über die Gesundheit und Klugheit der Prinzessin freuen.
	(ruft hinter die Bühne)
	Kommt! Kommt alle! Kommt!
	Wir feiern ein Fest!
	Es gibt einen Tanz um den Mond!
	(laute Popmusik; alle Mitwirkenden, auch die Techniker, Souffleuse usw. laufen auf die Bühne, tanzen ausgelassen)

(Vorhang; sofort danach Aufstellung zur Applausordnung)

5. Talentschuppen

Alle wollen den König oder die Prinzessin spielen, das ist doch klar und auch verständlich. Schließlich stehen diese Figuren im Mittelpunkt der Geschichte. Sie tragen die prächtigsten Kostüme und werden vom Publikum – wenn alles klappt – sicher auch am meisten bewundert und beklatscht. Aber eben nur, wenn alles klappt. Und in diesem Punkt tragen gerade die Hauptfiguren des Stückes das größte Risiko. Sie haben die längsten Textpassagen auswendig zu lernen, und wenn sie damit Probleme haben, kommt das bei der Aufführung einer kleinen Katastrophe gleich. In diesen Momenten schweigt das Publikum betreten. Des Königs Mutter in der ersten Reihe treten die Schweißperlen auf die Stirn, der Vater ärgert sich schrecklich darüber, daß es gerade sein Sohn ist, der mal wieder zu faul zum Lernen war. Und ihr? Ihr möchtet am liebsten vor Scham im Bühnenboden versinken.

Zu bedenken ist außerdem, daß die Hauptfiguren am längsten den aufmerksamen Blicken der Zuschauer ausgesetzt sind. Das ist viel anstrengender, als ihr vielleicht vermutet. Da kann man nicht mal eben in der Nase bohren oder ganz dringend auf die Toilette müssen. Auch bei den Proben werden die Hauptdarsteller am meisten gefordert. Sehr oft müssen sie anwesend sein, sind dann dauernd in Aktion und werden vom Spielleiter besonders kritisch unter die Lupe genommen.

Ihr seht, da gibt es nicht nur Vorteile, wenn man eine Hauptrolle übernommen hat. Und jeder, der am liebsten laut „Ich! Ich!" rufen möchte, wenn es im Unterricht an die Verteilung dieser Rollen geht, sollte sich vorher ernsthaft fragen: Kann ich das wirklich erarbeiten, was so eine Hauptfigur zu leisten hat? Klingt meine Stimme klar, deutlich und laut genug? Bringe ich die notwendige Disziplin auf, um in relativ kurzer Zeit den langen Text zu lernen, regelmäßig bei den Proben zu erscheinen und auch mal auf das Fußballtraining oder auf die Reitstunde zu verzichten?

Weil alle König und Prinzessin sein wollen, vergessen viele, daß diese gar nicht ohne die sogenannten Nebenrollen und die zahlreichen Helfer hinter der Bühne auftreten können. Ohne den Mitschüler, der den Vorhang bedient, müßten die Zuschauer zwei Stunden auf einen roten Stoffetzen starren. Wie langweilig! Ohne den Lichttechniker stünde der König im Dunkeln. Niemand könnte sein eindrucksvoll majestätisches Kostüm bestaunen. Und ohne die Requisiteure müßte die Prinzessin ohne Bett im Stehen krank sein und leiden. Das geht doch nun wirklich nicht!

Wie wichtig alle diese unsichtbaren Theaterrollen sind, wird besonders deutlich an der Aufgabe der Souffleuse. Niemand sieht sie, niemand – außer den Schauspielern – sollte sie hören, und doch bricht die ganze Aufführung zusammen, wenn sie nicht wäre. Oft werden auch die Fähigkeiten unterschätzt, die diese unsichtbaren Theaterrollen voraussetzen. Wie soll beispielsweise jemand die Musiktechnik übernehmen, der nur die Tasten des Recorders kennt? Tuner, Timer, Buchsen, Boxen und Dolby sollten für ihn keine geheimnisvollen Worte sein. Und vor allem: Er muß bei eventuellen Pannen die Ruhe bewahren und trotzdem in Düsenjägergeschwindigkeit Ideen entwickeln, um herauszufinden, wo der Fehler steckt und wie man ihn möglichst schnell beheben kann.

Also: Wenn es an die Rollenverteilung in eurer Klasse geht, streitet nicht. Überlegt, wo eure Fähigkeiten und Talente liegen. Die Rollenverteilung richtet sich ja nicht nach der Beliebtheit. Vielleicht glänzt eine Mitschülerin als prima Klassensprecherin. Aber dieses Können sagt nichts darüber aus, ob sie für die Rolle der Prinzessin geeignet ist. Versucht einmal sehr aufmerksam eurer Spielleiterin oder eurem Spielleiter zuzuhören, die kennen jeden einzelnen aus dem Unterricht, sind schon lange euer Publikum, also eure Zuschauer und Zuhörer. Sie können daher – wie später die Zuschauer – viel besser als ihr selbst beurteilen, wessen Sprache und Gestik, Gewitztheit und Beweglichkeit besonders wirkungsvoll für eine bestimmte Rolle einsetzbar ist.

Nach der Aufführung seid ihr sowieso alle zusammen gleich stolz auf die bejubelte Leistung. Im ausgelassenen Freudentaumel nach der letzten Szene sind alle Unterschiede vergessen. Und darauf kommt es schließlich an.

6. Zauberei: Hier dürfen Ausländer „ausländisch" sein

Habt ihr schon mal genau hingehört, wie es klingt, wenn sich zwei ausländische Mitschüler in ihrer Muttersprache unterhalten? Vielleicht habt ihr dabeigestanden und auf die fremden Laute gelauscht. Kann sogar sein, ihr fühltet euch ein bißchen ausgeschlossen. Aber trotzdem seid ihr nicht weggegangen, weil diese fremden Laute euch angezogen haben und so geheimnisvoll wirkten. Sie klangen wie eine fremdartige Musik mit einer ungewöhnlichen Melodie.

Sicher konntet ihr auch noch eine weitere Entdeckung machen: Während die Mitschüler miteinander sprachen, änderte sich ihre Gestik. Ihre Körper schienen auch mitzureden, insbesondere die Hände. Sie gerieten in Bewegung, unterstrichen schwungvoll und mit Temperament die einzelnen Sätze, machten eine Faust, öffneten die Finger, ließen sie kreisen, zupften an den Ohren, fuhren ins Haar.

Diese Kinder mußten verwandelt worden sein, habt ihr vielleicht gedacht. Gleich drei Zauberer zusammen hatten sicher ihr Riesenhokuspokus veranstaltet. Denn diese Mitschüler brachten im Unterricht ein paar Minuten vorher kaum einen Pieps heraus, schauten oft verlegen um sich, wirkten gehemmt und standen sogar auf dem Pausenhof ein bißchen schüchtern herum – bis ..., ja bis der andere ausländische Mitschüler kam und sich plötzlich beide zu putzmunteren Türken, Portugiesen oder Polen verwandelten.

Klar: Hinter dieser Verwandlung steckten keine Zauberer. Die Lösung für dieses Rätsel hat nichts Geheimnisvolles. Die Erklärung ist ganz einfach: Da waren zwei, die miteinander so reden konnten, wie ihnen von Vater und Mutter her der „Schnabel gewachsen" ist – in ihrer Muttersprache. Locker, unbeschwert, ja sogar fröhlich wirkten sie auf euch. Endlich konnten sie ohne lange nachzudenken und nach Worten zu suchen losplappern – so wie die deutschen Kinder es in eurer Klasse gewohnt sind. Das mußte wie eine Befreiung, wie ein Ablegen einer Zwangsjacke auf die ausländischen Kinder gewirkt haben. Diese Befreiung drückten sie mit ihren funkelnden Augen, im Redeschwall und mit ihren wild bewegten Armen und Händen aus.

Wenn euch beim Zusehen das ungewohnte Gespräch der Hände gefallen hat, probiert doch mal folgendes Spiel aus:

Spannt ein Tuch, verseht dieses mit Löchern, legt euch unter das Tuch, so daß nur noch die Hände zu sehen sind, die sich bewegen können. Nun erfindet dazu eine Geschichte: „Im Zirkus brechen die Schlangen aus!" könnte sie beispielsweise heißen. Oder: „Eine Krake verliebt sich in einen Fisch!" Die um den Handschauspieler im Kreis sitzenden Mitschüler müssen die Geschichte erraten und erzählen. Wer sie zuerst erraten hat, darf das nächste Hand-Schauspiel vorführen.

Gerade die Beweglichkeit, die Körpersprache und das Temperament, das viele Schüler besitzen, deren Muttersprache nicht deutsch ist, brauchen wir beim Theaterspielen. Wir können von ihren Talenten lernen, uns etwas davon abgucken.

Ganz sicher ist, daß die sprudelnde Lebendigkeit uns anzieht. Würden sonst zu Beginn der Sommerferien Millionen Deutsche auf Reisen gehen? Sich in Autos, Flugzeuge und Schiffe setzen, Staus und Verspätungen in Kauf nehmen? Und wenn alle diese Reiselustigen nach dem Urlaub von ihren Erlebnissen und Eindrücken schwärmen, ist der Grund für diese Begeisterung sicher nicht nur das strahlende Sonnenwetter. Sie hat auch etwas mit den Menschen zu tun, die in anderen Ländern zu Hause sind. Es ist die lockere Art und Weise, wie besonders die Menschen in Südeuropa miteinander und oft auch mit uns umgehen. Wir lassen uns anstecken von ihrer Musik, ihren Liedern und Tänzen, ihrem Temperament, ihrem Lachen. Es ist schon merkwürdig, daß selbst in armen Ländern das Lachen viel häufiger zu hören ist als bei uns.

Bei Reisen in andere Länder sind wir die Ausländer. Wir sind froh und dankbar, wenn man uns freundlich und aufgeschlossen begegnet, wenn da jemand ist, der uns bei der fremden Sprache hilft. Daran sollten wir denken, wenn wir es hier in Deutschland mit Fremden zu tun haben. An fremden Speisen haben wir schon längst Geschmack gefunden: Wir verschlingen Pizzas, Spaghettis und Pitta Gyros. Aus den Teigtaschen der leckeren mexikanischen Tortillas tropft uns die saftige Sauce über die frisch gewaschene Hose, Kiwis zieren die Geburtstagstorte, und von der köstlichen Nachspeise Tira mi su hat mancher von uns schon so viel gegessen, daß der Knopf von der Hose sprang. Na also! Neben all diesen ausländischen Leckereien gibt es noch viel mehr, woran wir Geschmack finden könnten: Zum Beispiel an fremden Geschichten und Märchen, Bildern und Kleidungsstücken. Ganz sicher fallen euch da noch viele andere Dinge ein. Es wäre doch öde, grau und langweilig, wenn wir auf diese fremde, bunte Vielfalt verzichten müßten. Stellt euch doch mal vor, die ganze Welt verhielte sich so wie wir!

Darüber haben wir uns in der Klasse unterhalten und beschlossen: In unserem Theaterstück vom Mond der Prinzessin Lenore soll es bunt zugehen, es soll durch unsere ausländischen Mitschüler zusätzliche Farbe auf die Bühne kommen.

Viele Schüler, auch in eurer Klasse, sind zum Beispiel aus Griechenland, aus Spanien, aus der Türkei, aus Polen oder aus der Sowjetunion zu uns gekommen. Andere haben noch einen viel weiteren Weg hinter sich. Sie lebten mit ihren Eltern früher in Marokko, Tunesien, in Somalia, Korea oder Vietnam.

Hättet ihr nicht auch einmal Lust, durch diese Schüler etwas über fremde Länder zu erfahren? Menschen, die sich etwas erzählen, die zum Beispiel aus ihrer Heimat berichten, lernen sich besser kennen und verstehen. Sie kommen sich dadurch näher und können zu Freunden werden.

Wenn wir von uns erzählen, brauchen wir dazu ein bißchen Mut und vor allem Vertrauen. Noch viel mehr Mut brauchen unsere ausländischen Mitschüler, wenn sie von ihrer Heimat berichten, von ihren uns fremden Sitten und Gebräuchen. Wer da Angst haben muß, ausgelacht zu werden, wird den Mund gar nicht erst aufmachen. Dann haben wir uns die Gelegenheit vermasselt, etwas Neues und Aufregendes kennenzulernen.

„Was der Bauer nicht kennt, frißt er nicht!" heißt ein falsches deutsches Sprichwort, dabei weiß jeder, daß auch Bauern Spaghettis und Pizzas mögen.

Hier ein paar Tips, wie ihr auf den „fremden" Geschmack kommen könnt:

Musik-Bilder malen

Wünscht euch doch einmal von euren ausländischen Mitschülern, daß sie Musikstücke aus ihrer Heimat heraussuchen, mitbringen und euch vorspielen. Diese Lieblingsmusikstücke sollten nicht länger als fünf Minuten dauern. Setzt euch im Kreis zusammen, schließt die Augen und versucht einmal aufmerksam zuzuhören. Ihr werdet bald merken, daß sich beim Zuhören Bilder im Kopf zeigen: Phantasiebilder von Landschaften, Tieren, Pflanzen, Häusern und Menschen. Malt diese Bilder schnell auf ein Blatt Papier, sprecht aber dabei nicht miteinander, konzentriert euch, denn Phantasiebilder flattern schnell davon. Während ihr malt, solltet ihr die fremde Musik hören. Dann zeigt und beschreibt euch gegenseitig eure Bilder, damit alle in eure Phantasiewelt hineinschauen können. Spannend wird es nun zu hören, was eure ausländischen Freunde zu den Bildern zu sagen haben. Sie können ja die Bilder aus eurer Phantasie mit der Wirklichkeit in ihrem Heimatland vergleichen und erzählen, ob es dort tatsächlich so aussieht, ob es dort Berge und Wälder gibt, ein Meer vielleicht oder große Städte.

Großen Spaß macht es auch, sich in die fremden Rhythmen der ausländischen Musik hineinzufühlen, sie nachzuahmen. Im Musiksaal einer Schule gibt es eine Fülle von Rhythmusinstrumenten: Rasseln, Pfeifen, Trommeln, Bongos und vieles mehr. Die könnt ihr dabei zu Hilfe nehmen. Das ist auch ein schöner Weg, wie man sich einer fremden Kultur nähern kann.

Auch euer Körper kann Geräusche machen. Legt die Instrumente weg, bewegt euch frei im Raum und schnippt mit den Fingern, reibt die Handflächen aneinander, klatscht in die Hände, stampft mit den Füßen auf. Um die Scheu voreinander zu verlieren, ist es besser, wenn ihr die Körpergeräusche gleichzeitig macht. Und wenn ihr ganz mutig seid, und das seid ihr sicher nach einer gewissen Zeit, dann bewegt euch zu der fremden Musik und denkt daran: Es muß ja nichts „herauskommen", nicht ein kunstvoller Tanz – dieses Spiel soll einfach nur Freude machen. Denn in der Bewegung liegt Freude, sonst würdet ihr nicht so gerne herumtollen.

Der Ton macht die Musik – Geheimnisvolle Lautmalereien

Es ist kein Zufall, daß alle Wahrsagerinnen in unserem Stück von ausländischen Mitschülern gespielt wurden. Das liegt an dem Geheimnisvollen, das in den uns fremden Lauten steckt. Die Wirkung, die von ihnen ausgeht, ist leicht auszuprobieren. Laßt euch überraschen!
Vielleicht bittet ihr einen ausländischen Mitschüler, daß er einen Satz in seiner Muttersprache spricht. Dieser Satz sollte ein ganz alltäglicher sein. Zum Beispiel könnte er lauten: „Heute nachmittag muß ich viel lernen, weil wir morgen eine Klassenarbeit schreiben."
Diesen Satz sollte er dreimal hintereinander sprechen, und zwar mit einer Betonung, die sehr beschwörend klingt. Ihr werdet feststellen, daß sich dieser ganz gewöhnliche Satz aus dem Schulalltag plötzlich in etwas Magisches, Zauberhaftes verwandelt hat. Weil wir diese Sprache nicht beherrschen, klingt etwas mit, das rätselhaft, dämonisch, undurchdringlich tönt. Diese Wirkung kann noch gesteigert werden, wenn nun der Mitschüler einen Satz in seiner Muttersprache spricht, dessen Übersetzung ihr nicht kennt. Wieder soll er ihn dreimal wiederholen und wieder in dem gleichen beschwörenden Tonfall. Erst dann, wenn Gruselschauer über euren Rükken laufen, wenn die Laute ihren düsteren Zauber entfaltet haben, darf er den Satz übersetzen.
Und was kann dabei herauskommen? Vielleicht hat er gesagt: „Im Winter hat der Schulbus oft Verspätung, und ich muß schnatternd an der Haltestelle warten!"
Ein geheimnisvolles Orakel enthält dieser Satz nicht, trotzdem haben die Laute im Zusammenspiel mit der gewählten Betonung diesen Eindruck hinterlassen. Diese Wirkung könnt ihr auch mit einer selbsterfundenen Phantasiesprache erzielen. Denkt euch doch einmal Phantasiewörter aus, reiht sie zu einem Satz auf wie eine Perlenkette und versucht, sie ausdrucksvoll zu sprechen. Stellt euch vor, ihr seid umhüllt von einem bis auf den Boden reichenden schwarzen Gewand. Es knistert und raschelt beim Gehen. Eure Hände umklammern eine in allen Regenbogenfarben schillernde Glaskugel, auf die ihr die beschwörenden Hellseheraugen richtet. Pechschwarz ist die Wolkenwand, die sich über euch zusammenbraut. Irgendwo krächzt ein Käuzchen im Dunkeln, und ihr sprecht in diese Finsternis eure Phantasiesätze hinein.

Märchenstimmungen aus Anatolien, Andalusien, Armenien – Tips für Rollenbesetzungen

Märchenfiguren kennen weder Landesgrenzen noch Schlagbäume noch Paßkontrollen. Sie flattern auf Flügeln übers Schwarze Meer, lassen sich von warmen Winden über den Indischen Ozean tragen und landen plötzlich in eurem Theaterstück. Ihr seid es allein, die diesen Figuren die Aufenthaltsgenehmigung in eurem Text geben. Und diese Freiheit sollten alle nutzen. So können viele Rollen von ausländischen Mitschülern übernommen werden. Um so reizvoller und farbenprächtiger wird das Ergebnis ausfallen. Man muß dabei nur unterscheiden, bei welchen Rollen auch von Ausländern überwiegend deutsch gesprochen werden muß und bei welchen Rollen eine fremde Sprache besonders effektvoll ist.

Wir wollen hier nur einige Anregungen geben, um zu zeigen, wie weit gefächert die Rollengestaltung sein kann.

Die Hofdame

In unserem Stück war es die Flamenco tanzende Susanne, die in ihrem feuerroten Kostüm über die Bühne wirbelte und dabei ihr schwarzes Haar flattern ließ. Diese Rolle könnte auch ganz anders besetzt werden, zum Beispiel durch eine zierliche, vornehme Hofdame, die aus dem Morgenland stammt. Dort ist sie in einem prächtigen Sultanspalast aufgewachsen. Sie trägt einen glitzernden Halbschleier, über dem ihre dunklen Augen blitzen. Schmuck klimpert um Handgelenke und Fußfesseln. Bei ihrem orientalischen Tanz klingen und wippen kleine goldene Glöckchen im Takt der Musik. Sie spricht vielleicht nicht so energisch wie unsere Spanierin, dafür kann sie lustiger kichern. Die Hofdame spricht ein Mischmasch: Manchmal deutsch mit einem hinreißenden fremdländischen Akzent, manchmal in ihrer Muttersprache.

Die Märchenerzählerin/der Märchenerzähler

Diese wichtige Figur sollte viel Freundlichkeit und Ruhe ausstrahlen. Schön wäre es, wenn sie etwas von einer lieben Oma oder einem herzensguten Opa hätte, die sich abends an euer Bett setzen, um aus dem großen Märchenbuch vorzulesen. Schließlich kann gerade diese Figur viel dazu beitragen, das Publikum in eine märchenhafte Stimmung zu versetzen. Hätte sie nun den Hauch eines fremdartigen Akzents in der Stimme, könnte dadurch das Märchenhafte noch verstärkt werden. Vielleicht entstünde dann der Eindruck, daß diese Figur von weit, weit herkommt, jenseits der schneebedeckten Bergketten die Heimat verlassen hat, um uns die Geschichte vom Mond zu erzählen.

Der Hofnarr

Der gelenkig geschmeidige Hofnarr, der mit allerlei Kunststücken und Faxen den König von seiner schwermütigen Trauer befreien will, könnte ebenfalls von einem ausländischen Mitspieler gespielt werden. Neben aller zur Schau gestellten Quirligkeit ist er nachdenklich, ja sogar klug. Schließlich nimmt diese Person im Schloß die Rolle des Narren ein, dem es allein und weitgehend ungestraft möglich ist, die Wahrheit sagen zu dürfen. Dadurch hat er eine Sonderposition und unterscheidet sich vor allem von denen, die dem König nach dem Mund reden und einen untertänigen Bückling nach dem anderen vollführen. Es wäre vorstellbar, daß der Hofnarr in stillen Momenten, in denen er mit sich allein sein kann, an sein Heimatland denken muß. Vielleicht fällt ihm dann ein melancholisches Lied ein. Er singt es in seiner Sprache und bewegt sich tänzerisch zu der Melodie. Der dadurch erlebbare Gegensatz von einerseits sprudelnder Lebendigkeit und andererseits träumerischer Wehmut hätte sicher eine sehr reizvolle Wirkung.

Der Oberhofmarschall

Auf dem ganzen Globus scheinen sich alle diejenigen Menschen besonders ähnlich zu sein, die prächtige Uniformen tragen. Das gilt jedenfalls oft für solche, die es auf der Leiter nach oben weit gebracht haben. Meist handelt es sich um ziemlich eitle und aufgeblasene Figuren, die ihre Orden auf der Jacke glitzern und klimpern lassen: Messingknöpfe glänzen, Schulterklappen ebenso. Weniger glänzen solche Ordensträger durch Klugheit und Bescheidenheit. Der Eindruck, der durch all ihren zur Schau getragenen Pomp entsteht, könnte ebenfalls durch einen Akzent in der Sprache verstärkt werden. Denkbar wäre nämlich, daß sich dieser Oberhofmarschall absichtlich einen fremden Akzent zugelegt hat, um sich von den anderen Personen am Hof abzugrenzen, um anzugeben und besonders vornehm zu erscheinen.

Das Traummonster

Gerade das Traummonster macht als Traumgestalt vor keiner Landesgrenze halt. Es seufzt, gähnt, stöhnt, streckt sich furchterregend und spricht, weil es vom anderen Ende der Welt herkommend sich in die Träume des Königs eingeschlichen hat, zunächst in fremden Lauten. Schließlich besinnt es sich darauf, daß der König diese Sprache nicht verstehen kann. Und weil es sich um eine Traumgestalt handelt, fällt es ihr natürlich überhaupt nicht schwer, sich dem König später auf Deutsch verständlich zu machen. Traummonster müssen weder Vokabeln noch Grammatik büffeln. Ihnen fällt eben alles im Schlaf ein.

Der Leibarzt

Warum soll der Leibarzt seine medizinischen Künste nicht auf einer weit entfernten ausländischen Universität erworben haben? Das ist doch nichts Außergewöhnliches! Die Geschichte der Königshöfe zeigt, daß sich viele Herrscher einen Fremden zum Leibarzt gewählt haben. Sie trauten den Ärzten im eigenen Land nicht so viel Geschick und Gelehrsamkeit zu. Außerdem schmückten sie sich auch mit einem Hofstaat, in dem Fremde ihre Künste unter Beweis stellten.
Daß unserem Leibarzt im Theaterstück trotz aller Bemühungen nichts einfällt, was die kranke Prinzessin heilen könnte, verleiht der Figur etwas Komisches. Wenn er laut darüber nachdenkt, ob die Prinzessin vielleicht eine Darmgrippe haben könnte, darf er als Ausländer zwischendurch auch einmal in seiner Sprache laut denken oder verzweifelt schimpfen.

Diener und Dienerinnen

Was für den Leibarzt gilt, gilt auch für diese Figuren. Schmückend sind sie, weil sie durch ihre Anwesenheit dem Hof ein fremdländisches Gepräge geben. Das zeigt Reichtum und Weltoffenheit. Deshalb ist es nicht notwendig, daß die Dienerinnen und Diener fließend und flüssig deutsch sprechen können.

Die Kammerzofe

Diese Rolle ließe sich noch sehr gut mit ins Stück einbauen. Ihre Aufgabe ist es, die leidende Prinzessin zu verwöhnen und zu verhätscheln – und das geht auch in einer fremden Sprache. Der Prinzessin ist die Sprache egal, Hauptsache, sie wird liebevoll umsorgt.

Der Kammerdiener

Er hat dem König zu Diensten zu sein. Seine Rolle ist es, ihm jeden Wunsch von den Lippen abzulesen, bevor er ihn selber ausgesprochen hat.
Vielleicht habt ihr Glück und einen Mitschüler in eurer Klasse, der aus Marokko oder Tunesien stammt. Viele von diesen Schülern haben nämlich zu Hause in ihrem Heimatland auch Französisch lernen müssen, und gerade der französische Akzent könnte diese Rolle sehr effektvoll beleben. Die persönlichen Diener der Herrschaft sind nämlich etwas ganz Besonderes, durch ihre Stellung am Hof sind sie oft ein bißchen eingebildet und hochnäsig. Wenn man nun absichtlich das Sprechen des französischen Akzentes übertreibt, wirkt der Kammerdiener sehr gestelzt, gekünstelt, supervornehm.

Wahrsager, Hellseher, Gedankenleser und Geisterseher

Warum gerade diese Rollen an Farbigkeit gewinnen, wenn sie durch ausländische Mitschüler besetzt werden, ist klar: Das Rätselhafte rückt in den Vordergrund. Wenn alle zugleich in fremden Sprachen auf den König einreden, ergibt sich ein reizvolles Wirrwarr von Lauten, das den König völlig außer Fassung bringt. Natürlich können auch alle Sprechanteile nacheinander erfolgen oder sich überlappend verschränken. Probiert aus, was unheimlich und dämonisch wirkt.

Die Zauberin/der Zauberer

Sie beherrschen ebenso magische Künste, murmeln rätselhafte Zauberformeln. Ihr könnt euch vorstellen, daß allein der Klang der exotischen Laute den König ganz in den Bann zieht. Allerdings leider nur für kurze Zeit, weil sich bald herausstellt, daß die Fähigkeiten dieser Figuren bei weitem nicht ausreichen, das Wunder zu vollbringen, die Krankheit der Prinzessin wegzuzaubern.

Ihr seht, fremde Sprache, Musikstücke und Tänze spielen keine Nebenrollen. Im Gegenteil! Nicht nur ihr, sondern auch euer Publikum werdet große Freude an ausländischen Zwischenszenen haben.

Das läßt sich beweisen, denn alle Schüler in unserer Klasse haben nach dem rauschenden Premierenfest einmal aufgeschrieben, was sie während der Theaterproben und nach der Aufführung erlebt und empfunden haben, auch unsere ausländischen Mitschüler.

Zum Beispiel Hasan aus der Türkei:
„Am Anfang kam ich mir ziemlich doof vor, weil ich vor allen Leuten und Mitschülern türkisch geredet habe. Ich hatte große Angst, daß alle draufloslachen würden. Hat aber niemand getan. Jetzt finde ich eigentlich, daß es sehr schön und gut ist, auch noch eine andere Sprache zu sprechen.“

Susanna aus Spanien:
„Schreckliche Hemmungen habe ich gehabt, weil ich doch den Flamenco getanzt habe. Aber der ist in der Klasse und beim Publikum spitzenmäßig angekommen. Wenn ich das bloß vorher gewußt hätte, dann wäre ich am Anfang nicht so fürchterlich schüchtern gewesen.“

Isabella aus Polen:
„Besonders die Nationaltracht hat allen prima gefallen und erst das Lied, das ich gesungen habe. Das war toll und hat mich sehr, sehr stolz gemacht. Gott sei Dank bin ich nicht vor der Aufführung wegen der Aufregung geplatzt. Viel hätte nicht mehr dazu gefehlt.“

Und was macht ihr, wenn in eurer Klasse kaum ausländische Schüler sind? Ja, dann macht euch selbst zu Isabella von Polen oder zu Achmed, dem orientalischen Wahrsager, oder zur schwarzlockigen Hofdame Susanna, die mit Klimperwimpern über die Bühne huscht.

7. Flitzen, Flüstern, Fratzenschneiden: Übungsspiele

Endlich ist es soweit: Die Proben beginnen! Lange schon habt ihr euch darauf gefreut, in eine andere Rolle zu schlüpfen. Vor kurzer Zeit mußtet ihr vielleicht noch über einer Mathematikarbeit schwitzen und Zahlen in eurem Kopf wälzen. In der Pause gab es vielleicht Streit beim Tischtennisspielen. Und gleich darauf sollt ihr euch in eine andere Person verwandeln? Klar, daß dies nicht so schnell geht.

Nehmen wir einmal an, Heike hat die Rolle der Prinzessin übernommen und sich die Frage gestellt: Wer bin ich? Was denke und fühle ich als Lenore? Welche Wünsche habe ich als Prinzessin, welche Sorgen? Wie sehe ich aus? Wie spreche ich und wie bewege ich mich? Wie ist meine Stimmung zum Beispiel in der ersten Szene? Denn mit dieser beginnt ja die PROBE: Mit diesen Fragen hat sich Heike auf ihre Rolle vorbereitet. Das ist gut so, das sollte jeder Schauspieler für jede einzelne Szene tun. Doch mit den Antworten, die jeder Schauspieler für sich findet, ist noch nichts auf die Bühne gebracht. Die Antworten sind ja vorerst nur im Kopf des Schauspielers, in den der Zuschauer nicht hineinsehen kann. Sie müssen also vom Kopf in den Körper wandern, denn der Körper ist das Instrument des Schauspielers. Der Zuschauer kann zum Beispiel eine Stimmung nur erkennen und nachempfinden, wenn der Schauspieler sie im Tonfall, in der Körpersprache (Gestik) und im Gesichtsausdruck (Mimik) auch zeigt.

Wer aber eine Stimmung für die Zuschauer glaubhaft machen will, muß sie erst einmal selbst verspüren. Wer Trauer ausdrücken will, muß traurig werden, und wer Freude vermitteln will, muß sich freuen. Das gelingt leichter, wenn ihr locker seid, euch entspannt. Dadurch wird der Körper beweglicher, ausdrucksfähiger, und ihr könnt euch besser auf die Stimmungen und den Text konzentrieren. Entspannen kann man sich aber nicht auf Kommando. Bevor ihr im Sportunterricht zu einem Riesensprung über den Kasten ansetzt oder im Schwimmbad vom Startblock aus in Wasser springt, macht ihr sicher Lockerungsübungen.

Solche Entspannungs- und Lockerungsübungen sind auch für Schauspieler wichtig. Und Tips dazu gibt es so viele wie Rosinen im Käsekuchen. Ein paar davon wollen wir vorstellen. Andere fallen euch selber ein, und außerdem hat sicher eure Lehrerin oder euer Lehrer prima Ideen.

Hokuspokus – Lockerungsübungen und Bewegungsspiele

Ihr sitzt alle auf dem Boden, mucksmäuschenstill und bewegungslos. „Hokuspokus" heißt die Zauberformel, die euch plötzlich lebendig macht und verwandelt. Und zwar:

– in eine Katze
Die liegt wohlig in der Sonne, dehnt sich nach allen Richtungen und schnurrt und miaut, macht einen Buckel und dehnt sich erneut.

– in ein neugieriges Huhn
Das schiebt den Kopf vor, zieht ihn wieder zurück, achtmal langsam und achtmal schnell und gackert drauf los. (Die Nase bleibt immer auf gleicher Höhe!)

– in einen Fahrstuhl
Mit gebeugten, nach außen gerichteten Knien und mit am Boden bleibenden Fersen fahrt ihr mit dem Körper senkrecht nach oben in den 13. Stock und wieder nach unten in den Keller.

– in einen kleinen Bär
Der rollt sich zu einer Pelzkugel zusammen, macht einen Purzelbaum nach dem anderen und brummt dazu furchterregend.

Diese Spiele könnt ihr vor jeder Probe kurz durchspielen. Laßt euch dabei auch andere Verwandlungstiere oder -gegenstände einfallen, zum Beispiel einen Igel, eine Schildkröte, einen kleinen Spatz, der fliegen lernt, oder ein Schilfrohr, das sich leicht im Wind wiegt.

Tippeln, Torkeln oder Tapsen?

Setzt euch in einem offenen Halbkreis zusammen, so daß die Öffnung des Kreises als Spielfläche benutzt werden kann. Wer will, darf umhergehen. Von außen wird drei Spielern zugerufen, wie sie gehen sollen: wie ein Mannequin auf dem Laufsteg, wie ein Betrunkener, wie ein alter, müder Mann, marschierend wie ein Soldat, wie ein Träumer, wie einer, der dringend auf die Toilette muß, wie ein Verliebter usw. Probiert mal aus: Wie geht ein Tier? Ein Storch, ein Pinguin, eine Giraffe, ein Kamel oder eine Ente?
Ihr könnt dieses Spiel auch umdrehen: Die Spieler in der Kreismitte denken sich einen besonderen Gang aus, führen ihn vor, und die Sitzenden müssen raten, wen oder was der Gang darstellt. Wer es zuerst erkennt, darf den Spieler ablösen und sich eine neue Gangart ausdenken und vorzeigen.

Der liebe Hund, der bissige Hund
Bei diesem Spiel müßt ihr die ganze Spielfläche ausnutzen. Ihr geht alle durcheinander. Ein Mitspieler wird ausgesucht, um der Hund zu sein. Faltet der Hund die Hände, zeigt er euch, daß er der liebe Hund ist. Breitet er aber seine Arme aus, hat er sich in einen bissigen, ziemlich gefährlichen Hund verwandelt. Läßt er die Arme herunterbaumeln, so bedeutet das: Er

ist wieder einer von euch. Als lieber Hund wollen ihn alle streicheln und mit ihm schmusen. Ist er aber der bissige Hund, versuchen sich alle sofort in Sicherheit zu bringen. Sie drängen sich, von der Gefahrenquelle möglichst weit entfernt, ängstlich zusammen. Natürlich zeigen ihre Gesichter und ihr Körperausdruck Angst vor dem bissigen Hund, aber auch Zuneigung gegenüber dem lieben Hund.

Gefühlsgesichter

Aus Gesichtern kann man lesen, welche Gefühle eine Person hat. Vorausgesetzt, sie verstellt sich nicht und zeigt ganz deutlich, was sie empfindet. Zum Beispiel: Trauer, Neugier, Langeweile, Gleichgültigkeit, Begeisterung, Zweifel, Neid, Angst. Es ist leichter für euch, diese und andere Gefühle zu zeigen, wenn ihr euch dazu Geschichten ausdenkt. Die helfen, um sich in Personen und ihre Gefühle besser hineinzuversetzen.
- Oma hat Geburtstag. Du bist zur Kuchenschlacht eingeladen. Um den gedeckten Tisch herum hocken nur Erwachsene. Die reden und reden und reden. Herrje! Ist das schrecklich langweilig!
- Obwohl du immer fleißig die Zähne geputzt hast, quälen dich grauenhafte Zahnschmerzen. Au Backe, tut das weh!
- Du hast eine heimliche Liebe. Plötzlich steht der große Schwarm vor dir und lädt dich zum Kinobesuch ein. Was für eine Aufregung, was für eine Freude!
- Du hast beim Spielen deine neue Hose zerrissen. Das wird ein Donnerwetter geben zu Hause. Davor hast du natürlich Angst.
- Deine Schwester hat ein neues Fahrrad bekommen. So eins hast du dir schon lange gewünscht. Der Neid frißt sich in dein Gesicht.
- Als du von der Schule nach Hause gekommen bist, lag dein Goldhamsterchen tot in seinem Käfig. Das macht traurig!
Beim ersten Mal solltet ihr bei diesen Spielen nur auf die Gesichter achten. Später könnt ihr dann versuchen, das Gefühl mit dem ganzen Körper auszudrücken: Vielleicht ballt ihr, ohne es zu merken, bei Neid beide Fäuste, vielleicht klappen vor Langeweile die Knie auseinander und wieder zusammen, oder euch hängen vor lauter Trauer die Schultern, der Kopf und die Arme schlaff herunter. Aber Vorsicht, nicht übertreiben! Wer kräftig mit den Knien wackelt, weil er Angst vorführen will – „ihm zittern die Knie" – erzeugt beim Publikum nur Gelächter. Übertreibungen bewirken immer das Gegenteil von dem, was man darstellen wollte! Und sie beweisen, daß ihr das Gefühl nur vorspielt, aber nicht selber fühlt.
Klar, daß ihr nicht alle Übungen hintereinander spielt. Spielt so lange, bis ihr das Gefühl habt, lockerer geworden zu sein, so lange, wie ihr Spaß daran habt. Eine Zeit-Richtlinie dafür gibt es nicht. Ihr solltet aber keine Probe ohne wenigstens ein Lockerungsspiel beginnen und die Spiele auf die vielen vor euch liegenden Proben verteilen.

Der Ton macht die Musik

Der Ton macht die Musik, sagt man. Aus einer nicht gestimmten Geige kommen nur grauslig kratzende Töne heraus. Auch die Stimme muß „gestimmt" werden, denn nicht nur *was* gesagt wird, ist wichtig, sondern *wie* es gesagt wird. Es kommt also nicht nur darauf an, mit welcher Gebärde, Haltung, mit welchem Gang und Gesichtsausdruck jemand spricht, sondern auch in welchem Tonfall.

Man kann laut, leise, hoch, tief, schrill, heiser, flüssig, stockend, drohend, aufgeregt, verträumt, beleidigt, haßerfüllt, langsam und schnell sprechen. Natürlich fallen euch viele weitere Sprechmöglichkeiten ein.

Mit den Sprechübungen verhält es sich ebenso wie mit den Sandkörnern am Meer: Es gibt unzählige davon. Vielleicht macht folgende Übung aber besonders großen Spaß:

Ihr einigt euch auf einen Beispielsatz und versucht diesen auf so unterschiedliche Weise zu betonen, daß sich der Inhalt, die Aussage des Satzes, immer wieder verändert. Fangt am besten mit einem Fragesatz an, das ist am einfachsten. Zum Beispiel: „Hast du dein Zimmer aufgeräumt?"

Diese Frage kann freundlich, überrascht, verärgert, auffordernd, begeistert oder ganz sachlich klingen. Es kommt darauf an, bei welcher Gelegenheit sie gestellt wird. Auch hier ist es hilfreich, sich solche Gelegenheiten vorzustellen, zum Beispiel:

- Es kommt Besuch, deine Mutter hat dich schon dreimal gebeten aufzuräumen. Als sie zum vierten Mal fragt, ist sie schon ganz schön sauer.
- Du willst deinen Eltern eine Freude machen und räumst ausnahmsweise einmal freiwillig auf. Als deine Eltern dies bemerken, fragen sie freudig überrascht.
- Oma kommt zu Besuch, du mußtest aufräumen. Als Oma dein Zimmer sieht, ist sie über ihr ordentliches Enkelkind begeistert und zückt zur Belohnung bei der Frage gleich das Portemonnaie.

Später könnt ihr dieses Spiel mit irgendwelchen Sätzen weiterspielen, wobei es nicht auf die Satzinhalte, sondern nur auf die Betonung ankommt. Am meisten macht das Spiel mit Unsinnssätzen Spaß, weil man dabei am besten prüfen kann, ob der Hörer erkennt, welches Gefühl mit dem Tonfall ausgedrückt werden sollte. Der Satz: „Ein Hase läuft am Strand Schlittschuh" kann durch die Betonung verträumt, verwundert, verliebt, verärgert, überrascht, spöttisch oder ängstlich klingen.

Die Hälfte der Klasse geht nun auf der Spielfläche umher, die anderen sitzen um die Spielfläche herum. Die Schauspieler gehen zu einem Sitzenden, bleiben vor ihm stehen, schauen ihm fest in die Augen und sagen ihren Satz. Deutlich muß dabei werden, wie der Satz von seiner Betonung her gemeint ist, welche innere Stimmung ihr damit ausdrücken wollt. Der Sitzende muß das Gefühl erraten und dem Schauspieler mit einem Wort wie „Angst", „Freude", „Verliebtheit" zurufen. Hat er die Betonung erkannt, ist der Schauspieler erlöst und der Ratende darf auf die Spielfläche.

Nicht rattern und nicht schnattern

Niemand spricht andauernd so sprudelnd und schnell wie ein Wasserfall. Niemand ständig so langsam, daß der Zuhörer vor Langeweile vom Stuhl kippt. So ist das auch mit eurem Rollentext. Er darf weder heruntergerattert noch bis zum Gähnen in die Länge gedehnt werden. Schließlich wollt ihr mit eurem Spiel beim Zuschauer Spannung erzeugen, auch durch eure Sprechweise.

Überlegt mal: In welchen Situationen sprecht ihr eher langsam, in welchen eher schnell? Gibt es Sätze, in denen man erst durch eine eingefügte Pause beim Zuhörer Spannung erzeugen kann? Wo werden Pausen beim Erzählen eines Witzes gemacht und warum? Was könnte vorgefallen sein, daß jemand sehr schleppend und stockend Sätze herausbringt?

Vielleicht habt ihr Lust, folgende Szene einmal nachzuspielen:

Ein Freund hat euch eine fetzige Musikkassette geliehen, an der sein ganzes Herz hängt. Nun will er sie wieder zurückhaben. Dummerweise habt ihr sie verschlampt. Das müßt ihr dem Freund gestehen, daran führt kein Weg vorbei. Aber wie? Jetzt steht er vor euch, und ihr könnt euch nicht entscheiden, wie ihr am besten mit der Nachricht herausrücken sollt. Jeden mühsam begonnenen Satz brecht ihr gleich wieder ab, macht Pausen, setzt wieder neu ein. Es ist zum in die Haare wurschteln!

Oder:

Denkt euch eine Person aus, mit der ihr ein Telefongespräch führt. Wir sehen und hören also nicht die Person am anderen Ende der Leitung. Klar! Das kennt ihr alle. Probiert mal dieses Telefonspiel aus und achtet besonders darauf, wie Sprechen und Zuhören, also Pausen, verteilt sind.

Interessant ist es auch, wenn ihr das Telefonspiel mit dem richtigen Rollentext ausprobiert. Dabei sitzen die Spieler Rücken an Rücken und lesen ihren Text. Weil sie sich nicht ansehen, also an der Mimik nicht erkennen, wann der vorherige Sprecher seinen Satz beendet, entstehen zwischen den wechselnden Rollentexten größere Pausen – wie beim Telefonieren.

Laut und leise

Auf der Bühne darf man nicht wirklich leise sprechen, sonst hört Heikes Großmutter in der letzten Reihe mit dem kaputten Hörgerät nichts und lacht an den traurigsten Stellen. Andererseits soll die Sprache auf der Bühne natürlich und nicht künstlich wirken. Und dazu gehört ein Wechsel zwischen lauter und leiser Sprache. Ihr müßt also üben, laut leise zu sprechen, zum Beispiel laut zu flüstern. Das geht, ihr werdet euch wundern.

Und ihr müßt andererseits laut sprechen, ohne zu schreien. Wer laut spricht, ändert aus Gewohnheit dabei die Tonhöhe, spricht höher – und das wirkt wie Schreien. Übt also laut zu sprechen mit tiefer, normaler Tonhöhe.

Der Rollentext selber, aber auch Unsinnstexte, Erzählungen und Gedichte könnten auf dem Schulhof gesprochen werden oder in der großen Turnhalle. Flüstert euch laut Texte zu und findet heraus, wie weit die Stimmen tragen, auf welche Entfernung hin sie noch verstehbar sind.

Wichtig dabei ist auch zu bedenken, daß während einer Aufführung auch das Publikum Geräusche macht: Es knistert mit Bonbonpapieren, blättert im Programmheft, Sitznachbarn raunen sich gegenseitig etwas ins Ohr. Jemand verschluckt sich und muß husten, ein anderer ist erkältet und schnauft in sein Taschentuch wie eine alte Dampfmaschine. „Ohs" und „Ahs" sind zu hören. Kichern, Gickeln und lautes Lachen über eine Szene, die besonders witzig ist.

Mit allen diesen und anderen Geräuschen ist zu rechnen, ganz sicher aber nicht mit langgedehnten Gähnlauten von Zuschauern, die gelangweilt Däumchen drehen und sehnsüchtig dem Ende der Vorstellung entgegendösen.

8. Endlich König sein: Die Proben

Die eigentliche Probenarbeit kann nun beginnen. Diejenigen, die auf oder hinter der Bühne bei der Technik gerade nicht gebraucht werden, müssen sich nicht langweilen. Im Gegenteil, auf sie wartet eine sehr wichtige Aufgabe: zuschauen, beobachten und fleißig notieren, was auffällt, was man vielleicht besser machen könnte. Diese Mitschüler sind nun die ersten Theaterkritiker, ohne die kein Theater funktioniert. Aber leise müßt ihr dabei sein. Mucksmäuschenstill! Sonst können sich die Darsteller nicht auf ihre Rolle konzentrieren, vergessen den Text, umarmen die falsche Person – vielleicht sogar das Gruselmonster – oder lachen, wo sie weinen sollen. Durch solche Konzentrationsfehler kann sich dann die Probe bandwurmartig in die Länge ziehen und nicht die Schauspieler, sondern die lauten Zuschauer sind daran schuld. Bei allzu großer Unruhe könnte es außerdem passieren, daß die Spielleiterin oder der Spielleiter vor Ärger platzt. Und zwar lauter als ein Luftballon. Es kann nämlich ziemlich nerven, wenn alle wie Ameisen herumwuseln und nicht zur Ruhe kommen. Für das Einbringen neuer Ideen, Einfälle und Verbesserungsvorschläge ist die Spielpause da. In der Spielpause könnt ihr alle eure Beobachtungen loswerden, auch eure Kritikpunkte; deshalb schreibt ihr sie ja auf.

Vielleicht beobachtet ihr, daß
- ihr kaum ein Wort von dem verstanden habt, was die Prinzessin sagte, weil sie viel zu leise sprach;
- die Zauberin kein bißchen beschwörend wirkte, sondern eher verschüchtert und hilflos;
- die Wut des Königs über die Unfähigkeit seiner Ratgeber nicht ganz glaubhaft war;
- der Leibarzt seinen Auftritt verpaßte;
- der Hofnarr nur verlegen herumstand, anstatt mit Purzelbäumen ausgelassen über die Bühne zu rasen;
- die Hofdame in der Nase bohrte, anstatt graziös und vornehm zu fächern;
- die Souffleuse in einem Comic schmökerte, anstatt ins Textbuch zu schauen.

Die Souffleuse (oder der Souffleur) ist eine ganz wichtige Person im Theater. Ohne sie werdet ihr auf keinen Fall auskommen. Es ist für den Darsteller sehr beruhigend zu wissen, da ist jemand, der mir weiterhilft, wenn ich nicht weiter weiß, wenn ich einen sogenannten „Hänger" habe. Ihr müßt euch zwar beim Spielen nicht Wort für Wort an die Textvorlage halten, wenn aber ganze Sätze, wie durch Zauberhand, aus dem Gedächtnis entschwunden sind, wird es doch sehr, sehr brenzlig.
Die Aufgabe der Souffleuse ist nicht leicht: Sie muß den Text sehr genau

kennen, sie muß wissen, ob ein Darsteller absichtlich eine Pause macht oder ob er stumm bleibt, weil er einfach nicht weiß, wie es weitergeht. Deshalb notiert die Souffleuse die Pausen durch Zeichen im Textbuch. Außerdem muß sie das Kunststück fertigbringen, einerseits in einer Lautstärke zu flüstern, daß der Darsteller den Text auch verstehen kann, und andererseits dabei so leise sein, daß die Zuschauer nichts von dieser Hilfestellung hören. Eine ganz schön knifflige Aufgabe also, aber durch fleißiges Üben zu lösen.

Für das Gelingen des Spiels ist es auch sehr wichtig, daß alle von den Schauspielern benötigten Gegenstände im genau richtigen Augenblick zur Stelle sind. Zum Beispiel: ein Tablett, Gläser, das Hörrohr, der Reichsapfel, der Fächer, ein Buch usw. Diese Gegenstände nennt man **Requisiten**, genauer gesagt: **Handrequisiten.**

Personen, die dafür sorgen, daß die Requisiten bereitliegen, heißen im Theater Requisiteure.

Stellt euch doch mal einen Krimi vor, in dem der Polizist, in höchster Gefahr sich befindend, lebensgefährlich bedroht durch einen skrupellosen, kaltblütigen Gangster seinen Revolver nicht findet.

Oder was würdet ihr zum Beispiel von einem feurigen Liebhaber halten, der sich seiner Angebeteten schmachtend mit den Worten zu Füßen wirft: „Hier, nimm diesen Rosenstrauß als Zeichen meiner glühenden Liebe!" und den Strauß vergessen hat?

Revolver und Rosen sind also Requisiten. Sie spielen mit. Sie sind wie stumme Schauspieler, weil sie auch Rollen übernommen haben.

„Was soll ich bloß mit meinen Händen anfangen?" Das ist eine Frage, die viele von euch sicher beim Spielen stellen werden. Die Hände wissen nämlich oft überhaupt nicht, was sie tun sollen. Sie hängen herunter wie leere Einkaufstaschen. „Füllt" man sie aber mit einem Requisit, haben sie plötzlich eine Aufgabe. Besonders in Spielsituationen, in denen der Darsteller keine Worte zu sprechen hat, erweisen sich die Requisiten als sehr nützlich und hilfreich. Sie können sogar bestimmte Stimmungen unterstreichen.

Beispielsweise könnte die besonders vornehme Hofdame in Augenblicken, in denen sie stumm spielen muß, also keinen Text zu sprechen hat, aber trotzdem auf der Bühne gebraucht wird, graziös eine Teetasse ergreifen und aus dieser mit abgespreiztem kleinen Finger nippen.

Das Requisit spielt also nicht nur mit, es kann (oder muß) sogar mit ihm gespielt werden. Und damit keine Panne passiert, ist es notwendig, daß ihr für jede Szene eine Requisitenliste aufstellt. Vor jeder Szene prüfen dann die Requisiteure, ob alles bereitsteht.

Spiel ohne Worte

Stumm zu spielen, das haben wir eben gesehen, ist gar nicht so einfach. Versetzt euch zum Beispiel einmal in die Lage eines Darstellers, der die Rolle des Leibarztes übernommen hat.

Er steht vor dem Bett der Prinzessin, ist bedrückt und ratlos, weil er nicht herausbekommen kann, was seiner Patientin fehlt, wie er ihr helfen kann. In dieser Situation ziellos mit den Händen herumzufuchteln, hat wenig Sinn. Der Zuschauer könnte diese Geste auch falsch deuten. Er könnte annehmen, daß der Leibarzt wütend ist. Das trifft aber nun wirklich nicht zu. Eine von vielen Möglichkeiten, seine Stimmung auszudrücken, könnte diese sein:

Unsicher und sehr langsam umkreist der Leibarzt das Krankenlager. In einer Mischung von Verzweiflung und Nachdenklichkeit fährt er sich mit einer Hand durch die Haare. Wie kann ich ihr helfen, geht ihm durch den Kopf, und er streicht prüfend über die Stirn der Prinzessin, um festzustellen, ob sie Fieber hat. Nein, Fieber hat sie keineswegs, das weiß er jetzt. Aber was soll er machen? Neben dem Bett der Prinzessin steht eine Obstschale. Gedankenverloren greift er nach einem Apfel und beißt hinein. Er kaut langsam, aber ganz so, daß deutlich zu spüren ist, daß er gar nicht weiß, was er eigentlich tut. Der Apfel ist für ihn ohne besonderen Geschmack. Er könnte auch in ein Stück Pappe hineingebissen haben. Der Apfel ist nur etwas Zufälliges, wonach er gegriffen hat. So wie jemand, der beim angestrengten Nachdenken auf einem Bleistift herumkaut. Durch das stumme Spiel des Leibarztes soll also deutlich werden, was er denkt, was ihn bewegt. Je sparsamer die eingesetzten Gesten sind, um so besser und wirkungsvoller. Völlig überspannt und übertrieben würde es aussehen, wenn sich der Leibarzt in der beschriebenen Situation beispielsweise so verhalten würde:

Was soll ich bloß machen, denkt er. Rauft sich die Haare, zerzaust sie, stöhnt laut verzweifelt auf, verdreht die Augen nach oben, schlägt sich mit der flachen Hand mehrfach gegen den Kopf und seufzt dabei so erbarmungswürdig, daß ein Zuschauer in der

ersten Reihe zum Taschentuch greift. Aber nicht vor Rührung, sondern um sich die Lachtränen aus dem Gesicht zu wischen.

Ihr seht, auch hier gilt: Übertreibung bewirkt das Gegenteil von eurem Ziel.

Weil also das stumme Spiel viel schwerer ist als das Spiel mit dem Text, und weil mancher Mitschüler beim stummen Spiel Bewegungshemmungen hat, solltet ihr es extra üben. Ihr könnt zum Beispiel eine Szene einmal ganz ohne Text spielen, wie eine Pantomime. Dann konzentriert ihr euch nur auf eure Bewegungen des Gesichts (Mimik) und der Gliedmaßen, also auf eure Körpersprache. Dabei merkt ihr schnell, an welchen Stellen ihr nur verlegen herumsteht und ein einfältiges Gesicht macht, weil euch nicht die richtigen und ausdrucksstarken Bewegungen einfallen. Und auch für die Beobachter, eure „Theaterkritiker", ist diese Übung gut. Sie können sich beim Spiel ohne Worte nur auf die Beobachtung eurer Körpersprache konzentrieren und euch dann in der Spielpause wichtige Hinweise geben und Ideen beisteuern. – Könnt ihr euch vorstellen, wie lustig so ein Spiel ohne Worte sein kann?

Auf- und Abgänge

Die Auf- und Abgänge der Darsteller sind kleine Zwischenstücke, die aber selbst keine eigene Handlung haben. Sie bereiten die bevorstehende Handlung vor, beziehungsweise lassen die Handlung auslaufen.

Wenn nun zwei oder drei Personen gleichzeitig von der Bühne abgehen sollen, taucht ein Problem auf. Denkbar ist, daß sich die einzelnen Personen in die Quere kommen, sich behindern, dabei vielleicht sogar einen im Weg stehenden Stuhl umwerfen. Deshalb sollte man die Reihenfolge der Auf- und Abgänge niemals dem Zufall überlassen, der spielt manchmal üble Streiche und sorgt für unfreiwillige Heiterkeit. Legt die Reihenfolge also genau fest: Wer geht links, wer in der Mitte, wer rechts? Spielt ihr mit einer Zeitverzögerung, muß klar sein, wenn ihr hintereinander die Bühne verlaßt, wer zuerst, wer zuletzt geht.

Von Anfang an müßt ihr auch mitbedenken, daß Möbelstücke auf der Bühne stehen – eure stummen Mitspieler. Diese haben einen festen Platz, befinden sich immer an der gleichen Stelle und werden durch Zeichen auf der Bühne markiert. Dann können auch keine Pannen passieren wie zum Beispiel diese: Der aufgeblasene Oberhofmarschall nähert sich untertänig mit vielen Bücklingen dem König. Streng sind die Sitten am Hof. Klar, daß deshalb der Oberhofmarschall bei seinem Abgang dem Herrscher nicht den Rücken zeigen darf. Rückwärts muß er also von der Bühne und darf erst am Ende seines Ganges sich umdrehen. Steht ein kleines Sesselchen dort, wo es bei den Proben nicht war, kann es geschehen, daß der Oberhofmarschall darüber stolpert, das Publikum lacht, und der Unglückliche muß die Zähne zusammenbeißen, weil er sich vielleicht beim Sturz sehr weh getan hat. Das kann vermieden werden.

Gänge drücken auch ebenso die Befindlichkeit der jeweiligen Person aus. Diese Befindlichkeit muß man ablesen können, zum Beispiel auch aus der Geschwindigkeit des Gangs einer Person.

Spieltempo

Meistens bewegen sich, aufgrund von Spielhemmungen, die Darsteller zunächst zu langsam. Aber Tempowechsel belebt das Theater, schließlich soll das Publikum ja nicht gähnend eindösen. Oft ist das Sprechtempo zu schnell, während das Bewegungstempo zu langsam abläuft. Es gibt „langsame" Figuren, zum Beispiel den Oberhofmarschall, den nachdenklichen Mathematiker usw., und es gibt „schnelle" Figuren: den Hofnarren, die temperamentvolle Spanische Hofdame. Wenn nun diese Figuren plötzlich das Tempo wechseln, also z. B. der Mathematiker sich rasend schnell entfernt, weil der König stinksauer auf ihn ist, dann zeigt dieser Tempowechsel etwas von den Gefühlen der Person.

Prüft doch einmal, wie ihr die einzelnen Figuren im Stück einschätzt, welche zu den eher schnellen, langsamen oder „normalen" gehören.

Innerhalb einer einzigen kleinen Szene können Tempowechsel geschehen und damit verändernde Gefühle verdeutlicht werden:

Der König sitzt auf seinem Thron, ungeduldig und wütend, weil niemand in seinem gesamten Hofstaat der Prinzessin den heiß ersehnten Mond besorgen kann. Ausgerechnet in dieser Stimmung kommt ein Diener auf die Bühne. Seine Schritte sind diensteifrig schnell. Er erscheint, weil er dem König den gewohnten Nachmittagstee zu servieren hat. Aber schon nach den ersten Schritten bemerkt er, welche Tiefseestimmung herrscht. Sicher wäre es besser, denkt er, den König jetzt nicht zu stören. Der kippt mir in seinem Zorn vielleicht den Tee über den Kopf, fürchtet er. Der Diener ist unentschlossen, ratlos. Deshalb verzögert er seinen Gang, bleibt sogar kurz stehen, wagt dann wieder ein paar langsame Vorwärtsbewegungen, bleibt erneut stehen und gibt sich schließlich einen spürbaren inneren Ruck. Was soll's, sagt er sich. Was sein muß, muß sein. Schnurstracks, ohne jede Verzögerung, geht er dann mit gewohnt schnellen Schritten auf den König zu.

Und nun noch zum Schluß dieses Kapitels ein Tip:

Spielideen, die ihr gemeinsam bei den Proben entwickelt habt, müssen unbedingt festgehalten werden. Notiert sie, sonst gibt es nämlich mit Sicherheit bei der nächstfolgenden Probe ein beachtliches Kuddelmuddel.

Dann fragt ein Darsteller:

„Wie war das noch? Soll ich erst zornig aufstampfen und dann den Thron umkippen oder umgekehrt?"

„Weder noch. Wir haben doch gesagt, du sollst der Hofdame den Fächer entreißen und ihn wahnsinnig wütend quer über die Bühne schleudern!"
„Stimmt überhaupt nicht. Diese Idee hatten wir vorher, sie ist längst begraben!"
„Ist sie nicht!"
„Ist sie doch!"
Und so weiter, und so weiter ...
Kurzum: Ohne Ordnung, ohne Plan geht nichts. Das ist bei den Theaterprofis nicht anders. Deshalb geht euch die Hauptsache, nämlich der Spaß an der Sache, nicht verloren. Im Gegenteil, denn durch einen solchen Plan vermeidet ihr dummen und lästigen Streit.

Beispielszenen

So könnte ein Spielplan aussehen:

Szene	Handlung	Personen	Requisiten	Ort	Musik/Geräusche	Licht
5	Traum-erzählung	Erzählerin (Prinzessin) Spanische Hofdame Leibarzt Mathematiker Oberhof-marschall König	Strickzeug der Erzählerin und Buch	vor dem geschlos-senen Vorhang Prinzessin hinter dem Vorhang	leise Traummusik bei Übergang zu Szene 6, lauter werdend bei Öffnung des Vorhangs zu Beginn der Szene 6	Spots auf Traumer-zähler; bei Übergang zu Szene 6 Spots aus, Dämmer-licht Bühne
8	König verlangt Leistungen seiner Hofbeamten	König Erzählerin Oberhof-marschall Zauberin Mathematiker Vorhang-techniker Mond Hofnarr	Dreieck und Lineal des Mathemati-kers Buch der Erzählerin	Königs-hof	–	Spot auf Erzählerin vor geschlosse-nem Vorhang Spots auf Hofbeamte, später auf Hofnarren und König; beim Abgang verfolgt Spot den Hofnarren

9. Die Bühne – ein Leihhaus

Ein König braucht einen Thron, das ist klar. Der Thron steht in einem Schloß, das ist auch klar. Und jetzt kneift mal die Augen zusammen und stellt euch einen königlichen Thronsaal vor. Wer mit geschlossenen Augen seine Phantasie spazierengehen läßt, wird entdecken, daß sich sofort Bilder einstellen: Vielleicht seht ihr einen riesengroßen Saal vor euch, silberne Säulen, einen glänzenden Marmorfußboden, feuerrote Samtvorhänge, und auf einem Podest steht ein großer goldblinkender Stuhl mit wuchtigen Armstützen und hoher Rückenlehne: der Thron.

Eure Nachbarin sieht keinen Marmorfußboden, sondern blankpoliertes Parkett, auch die Vorhänge sind nicht feuerrot, sondern himmelblau. Jetzt kann man sich natürlich darüber streiten, wie so ein Thronsaal auszusehen hat, oder – was viel besser ist – sich darauf einigen, daß alle eure Vorstellungen etwas Gemeinsames haben. Redet doch einmal über diese Gemeinsamkeit. Wahrscheinlich ist euch allen klar: Der Saal muß groß sein, prächtig geschmückt, und es sollte ein auffällig großer Stuhl in der Mitte thronen. Gibt es einen solchen Saal in eurer Schule? Und kann man ihn als Bühne benutzen? Wahrscheinlich nicht. Schließlich seid ihr nicht in einem Schloß, sondern in der Schule. Und da sieht es ziemlich grau aus, betongrau. Geld für all die Kostbarkeiten habt ihr auch nicht.

Aber ihr habt etwas Wichtigeres: Ideen. Und zwar so viele, daß sie alle zusammengepackt nicht einmal in die Schatztruhe des Königs passen würden. Wetten? Denkt zum Beispiel einmal daran, wie groß euer Zimmer wirkt, wenn ihr es gerade aufgeräumt habt oder ein Möbelstück auf den Sperrmüll gewandert ist. Die Größe eines Raumes ist also nicht nur eine Frage der Quadratmeter, sondern der Wahrnehmung. Und wenn ein Raum leer ist, wirkt er plötzlich viel größer als vollgestellt mit Möbeln. Ihr braucht also gar keinen riesigen Raum für eine Aufführung, sondern einen leeren. Und was auf die Bühne kommt, bestimmt ihr. Wenn nur ein einziger Stuhl in der Mitte der Bühne steht, scheint selbst eure kleine Schulbühne riesengroß, groß wie ein Thronsaal eben. Und wird dieser von einem Scheinwerfer angestrahlt, verwandelt er sich plötzlich in einen Thron.

Bei der Aufführung bringt das Licht die Bühne zum Blinken. Und genau das wird der Moment sein, in dem auch in den Augen eurer Zuschauer die Lichter angeknipst werden – die Märchenlichter und Traumlichter.

Vielleicht gibt es in eurer Schule eine sogenannte Guckkastenbühne. Die Zuschauer schauen auf diese erhöhte Bühne wie in einen Kasten hinein, der seitlich und an der hinteren Wand begrenzt ist. Vielleicht steht euch als Spielfläche die Turnhalle zur Verfügung. Ein Raum, der viel Bewegungsspielraum ermöglicht. Denkt nur mal an die Purzelbäume des Hofnarren oder an das rasende Traummonster. Vielleicht wählt ihr auch die große Eingangshalle in eurer Schule zum Spielort aus, weil von ihr oft Treppenaufgänge in den ersten Stock führen. Treppen lassen sich phantastisch mit ins Spiel einbauen. So kann zum Beispiel die Prinzessin zur Überraschung der Zuschauer wie aus dem Nichts auf der obersten Treppenstufe auftauchen und mit ihrer langen Schleppe in den Thronsaal hinabgleiten. Ihr seht, es gibt viele interessante und abwechslungsreiche Möglichkeiten für Auf- und Abgänge.

Mit ein bißchen Phantasie läßt sich jeder Raum in einen Thronsaal verwandeln. In unserer Schule gibt es zum Beispiel eine Guckkastenbühne. Ein Vorhang umschließt alle drei Bühnenseiten. Der Vorhang ist braun und paßt eigentlich überhaupt nicht in einen Thronsaal. Also brauchten wir Ideen. Wir haben goldene und silberne Sterne ausgeschnitten und sie mit Stecknadeln auf den Stoff geheftet. Im Scheinwerferlicht blitzten sie prunkvoll auf. Fertig war eine königliche Stofftapete. Kauft nichts von eurem Taschengeld. Das ist bestimmt nicht königlich. Es geht doch viel billiger. Macht die Bühne zum Leihhaus.

Was ihr nicht selbst basteln könnt oder wollt, zum Beispiel weil die Zeit knapp wird, kann ausgeliehen werden. Zweimal im Jahr ist Glitzerzeit: im Karneval und natürlich zu Weihnachten. Fragen kann man bei den Dekorationsabteilungen von Kaufhäusern. Nicht selten bekommt ihr sogar das Gebrauchte geschenkt: schimmernde Girlanden aus Metallfolie, Glimmerstreifen, Sternenhänger, Bänder und Schleifen, flitterbeschichtete Pappen. Sogar dicht an dicht gehängte Weihnachtskugeln wirken im Scheinwerferlicht sehr majestätisch.

Nicht zu vergessen Lametta, jede Menge Lametta. Selbst der häßlichste Turnhallenboden und Teppichbelag läßt sich durch Lametta märchenhaft verzaubern.

Glück habt ihr auch, wenn es in eurer Stadt ein Theater gibt. Fragen kostet nichts. Und da viele Theater mit Schulen zusammenarbeiten, wird man euch helfen. Oder es tanzt jemand aus der Klasse als Funkenmariechen im Karnevalsverein, auch der kann euch Flitter und Glitter leihen.

Fragt die Eltern, hängt eine Suchanzeige am Schwarzen Brett aus, kramt im Keller und durchsucht Omas Dachboden.

Es gibt nichts, das es nicht gibt. Am Anfang denkt ihr, ihr bekommt die Sachen nie zusammen, und am Ende habt ihr zuviel.

Noch ein paar Ideen: Wenn kein Vorhang als hintere Bühnenbegrenzung da ist, verwendet Stellwände. Wenn die fehlen, nehmt Kartenständer. Füllt die Zwischenräume durch große Pappen oder Planen aus, klebt alte Tapetenrollen zusammen, spannt Bettücher, beklebt sie, behängt sie, verwandelt sie.

Vielleicht habt ihr auch ganz andere Einfälle, könnt mit unseren Glitzerideen gar nichts anfangen. Vielleicht wollt ihr im Kunstunterricht lieber Kulissen bauen (das sind Seiten- und Rückwände der Bühne) und bemalen.

Wichtig ist nur, daß der Raum verzaubert wird, daß Theaterstimmung entsteht, daß ihr Platz für die „Gänge" habt, die nichts mit Tunnels oder ähnlichem zu tun haben, sondern die Bewegungsabläufe des Darstellers auf der Bühne meinen.

Und nun zu den Möbeln und Requisiten. So nennt man die vielen kleinen Gegenstände, die man zum Theaterspielen braucht.

Opas Ohrensessel oder Omas Lehnstuhl werden Hokuspokus zum Königsthron. Für eine Ehrenkarte in der ersten Reihe rücken sie ihre Lieblingsmöbel sicher heraus. Ohne das gute Stück zu beschädigen, kann es mit dunkelroten Stoffstreifen und goldenen Bändern umwickelt werden oder in Silberfolie eingepackt in neuem Glanz erstrahlen. Papas Campingliege wird ohne Umstände zum Krankenbett. Unter blütenweißem Bettzeug wird die Prinzessin aufschauen, um dem besorgten Leibarzt die Zunge herauszustrecken. Ein paar Stühle werdet ihr brauchen. Holt sie vom Sperrmüll oder aus dem Keller, schmückt sie mit einem neuen Pinselanstrich, vielleicht mit Goldbronze, oder besprüht sie mit Glitzerspray.

Nehmt aber in jedem Fall nur Gegenstände, die ihr wirklich braucht. Ihr benötigt Platz, viel Platz zum majestätischen Ausschreiten, zum Schlendern und Schlurfen, zum Rennen, Trippeln, Toben und Tänzeln, zum Zockeln und Zuckeln, Drehen und Kreisen, Wirbeln, Hopsen, für Luftsprünge und Purzelbäume.

Macht euch zur Regel: Jeder Gegenstand, der auf der Bühne steht, spielt mit. Er ist ein stummer Schauspieler. Ein Gegenstand, der nur herumsteht, aber keine Aufgabe im Spiel übernimmt, behindert die Bewegungsfreiheit auf der Bühne.

Darüber haben wir auch in unserer Klasse nachgedacht. Und weil wir nur ganz wenige Gegenstände auf die Bühne bringen wollten, kam uns folgende Idee. Ihr werdet vielleicht ganz andere und bessere Ideen bekommen.

Unsere stummen Mitspieler waren drei einfache Bögen, durch die man wie durch eine Tür gehen konnte, ein Königsthron und ein Stuhl für die Spanische Hofdame – mehr nicht. Ohne große Mühe wurden die Bögen aus Sperrholz gezimmert und dann mit glänzend silbriger Alufolie beklebt. Wenn man die Folie zunächst verknittert, wieder glättet und dann erst auf das Holz klebt, ergibt sich eine Oberfläche, die besonders schön im Scheinwerferlicht leuchtet. Sie wirken dann wie Kostbarkeiten aus Tausend und einer Nacht. Mit wenigen Handgriffen ließen sie sich für die einzelnen Szenen umstellen. Auch daran muß man denken. Ein aufwendiger, langwieriger Umbau hemmt den Spielfluß, nimmt den Schwung aus dem Spiel und macht die Zuschauer ungeduldig.

Umbauten aber sind nicht zu vermeiden, denn die Bühnengestaltung sagt ja etwas aus, verdeutlicht Gefühle, Stimmungen usw. Die Skizzen zeigen, daß kleine Ortsveränderungen zum Beispiel der Bögen auch gleich etwas anderes bedeuten. Nehmen wir einmal als Beispiel die 7. Szene. Die Dienerinnen stehen nebeneinander stocksteif in den Bögen. Wie Marionetten sehen sie aus. Eigentlich haben sie ja auch keine andere Rolle am Hof. Sie bedienen schließlich die hohen Damen und Herren. Und müssen wie willenlose Puppen gehorchen. Genau das verdeutlichen die gerade aufgereihten Bögen, in denen die Dienerinnen wie Schaufensterpuppen stehen. Der Hofnarr tritt plötzlich übermütig aus dem Zuschauerraum auf, schneidet Frat-

zen ins Publikum, schwingt sich mit einem Satz auf die Bühne und schlägt Purzelbäume. Fröhlich und unbeschwert, ohne Rücksicht auf das Hofprotokoll, faßt er eine Dienerin bei der Hand und beginnt mit ihr auf der Bühne herumzutanzen. Die anderen Dienerinnen lösen sich langsam aus ihrer steifen Haltung und tanzen mit. Der Hofnarr hat sie für einen Augenblick aus ihrem Puppendasein befreit. Die aufgereihten Bögen stehen verlassen da.

Plötzlich tritt der König auf. Er ist vor Entsetzen starr und stumm über diese unglaubliche Disziplinlosigkeit. Als man ihn nach ein paar Sekunden bemerkt, nehmen die Dienerinnen wieder blitzschnell Aufstellung in ihren Bögen. Die Anwesenheit des Königs macht sie wieder zu steifen Puppen. Alles am Hof ist aus den Fugen geraten. Auf nichts und niemand kann er sich mehr verlassen, denkt er. Verstört und traurig versinkt der König in seinem Thron. Ganz klein und verloren sieht er darin aus.

Dadurch wird sichtbar, daß auch er nicht glücklich über das Hofleben ist. Er fühlt sich einsam, verlassen, denn er lebt am Hof wie in einem goldenen Käfig. Die Umgangsformen sind starr, jeder hat seinen festgelegten Platz, selbst der König. So wird durch die aufgereihten Bögen mit den Dienerinnen und dem davor abseits stehenden Thron das langweilig steife Leben am Hof deutlich. Das gefällt nicht einmal dem König.

Ein anderes Beispiel: In der 8. Szene hat der König seine Ratgeber in den Thronsaal bestellt. Der Oberhofmarschall, die Zauberin und der Mathematiker haben Aufstellung in den Bögen genommen, die diesmal schräg hintereinander auf der Bühne aufgebaut sind. Wie ein General, der seine Soldaten kontrolliert, schreitet der König an den Bögen vorbei. Bei dieser Anordnung erkennt jeder Zuschauer sofort die Rangordnung am Hof. Klar,

wer die Befehle erteilt und wer sie ausführen muß. Wenn man die Bögen, wie in der 9. Szene, hintereinanderstellt, wirken sie wie ein Säulengang. Dadurch kann sichtbar werden, daß der dahinterhängende Mond weit weg und unerreichbar ist. Der Säulengang wirkt wie ein langer Weg bis dorthin. Auch der lange Weg zur Majestät, durch alle Rangordnungen hindurch, kann durch diesen Säulengang gezeigt werden.

Soweit unsere Ideen, die ihr natürlich nicht nachspielen sollt. Es sollte nur klar werden, daß die Bühnengestaltung wichtige Aussagen enthält. Auch Bögen müßt ihr nicht unbedingt verwenden. Es gibt so viele Gegenstände, die man umwandeln und mitspielen lassen kann. Ein paar Anregungen dazu können wir noch geben: Verblüffend eindrucksvoll und auf vielfältige Weise verwandelbar sind zum Beispiel Autoreifen. Ihr braucht sie nur mit Krepppapier zu umwickeln, und schon verändern sie ihr häßliches Gummigesicht. In allen Szenen können sie mitspielen. Hoch aufgetürmt ergeben sie einen Thron, von dem aus der König erhaben und abgehoben von der Welt regiert. Geschmeidig wie eine Katze kann der Hofnarr in den Reifenberg gleiten, sich verstecken und von dort aus Schabernack mit dem König treiben. Den Wechsel im Aufbau der Autoreifen können die Spieler am Ende der Szene selber vornehmen. Am besten, ihr bezieht den Umbau in das Spiel mit ein. Dabei bieten sich viele Auf- und Abgänge, und der Vorhang unterbricht den Spielfluß nicht. Zum Beispiel kann der Hofnarr den Reifen kullern lassen, mit ihm spielen. Wie zufällig bleibt er irgendwo liegen, doch dieser Ort ist genau geplant. Genau dort nämlich wird der Reifen für die nächste Szene gebraucht.

Ihr wißt inzwischen: Die Bühne ist ein Leihhaus. Alte Autoreifen gibt es mehr als Flöhe. Die aufzutreiben ist kein Kunststück. Kunst wird draus,

wenn ihr den ollen Dingern auf der Bühne neues Zauberleben schenkt. Ein neues Zauberleben könnt ihr auch den Sportgeräten geben, zum Beispiel wenn ihr in der Turnhalle Theater spielt. Drei Sprungmatten übereinander ergeben ein majestätisches Krankenbett für die Prinzessin, der Hofnarr kugelt mit Medizinbällen um die Wette, die Diener und Dienerinnen werden auf Schwebebalken aufgereiht, wie Hühner auf der Stange, und der König versinkt in einem aus Kästen und Glanzpapier gebauten Thron. Was der Hofnarr mit den Ringen, dem Reck, der Sprossenleiter und dem Sprungbrett anstellen kann, sorgt für große Heiterkeit.

Ihr müßt auch nicht auf einem eng begrenzten, rechteckigen Bühnenraum spielen. Richtige Wege lassen sich beim Bühnenaufbau und der Anordnung der Zuschauerplätze in die Zuschauerreihen hineinlegen. So kann die Spielfläche erweitert werden. Nebenhandlungen können dort vorgeführt werden: Der Hofstaat plaudert seine Träume aus, die Märchenerzählerin liest die Zwischentexte aus ihrem großen Buch vor, der Oberhofmarschall benutzt den Weg wie einen Laufsteg, die Zauberin dreht eine Pirouette auf Rollschuhen. Mit Podesten lassen sich schnell Nebenbühnen aufbauen, auf denen sich Freunde treffen, Feinde hinterhältige Gemeinheiten aushecken, Liebespaare sich heimlich zärtliche Worte zuflüstern.

Verwöhnt euch selber durch den großen Spaß, den ihr beim Theaterspielen mit solchen Bühnengegenständen habt, verwöhnt die Zuschauer mit einem Augen- und Ohrenschmaus. Laßt sie vielleicht sogar etwas Gutes riechen, zum Beispiel wenn die Prinzessin Parfüm versprüht, oder schmecken, wenn der Hofnarr Popcorn in die Zuschauerreihen wirft.

Ihr seht, fast alles ist erlaubt beim Theaterspielen. Verboten ist nur Langeweile.

10. Verkleidung: Das Kostüm

Verkleiden macht Spaß! Es ist aufregend, in verschiedene Rollen zu schlüpfen: vom Räuberkostüm in das Königsgewand, vom Soldatenrock in den Narrenanzug. Kostüme sind Kleidungsstücke, die einzelne Bevölkerungsgruppen, Berufe oder Typen kennzeichnen. Mit Kostümen kann man auch zeigen, in welcher Zeit ein Stück spielt. Jeder weiß, daß die Menschen früher andere Kleidermoden trugen als heute. Denkt zum Beispiel mal an das sogenannte „outfit", also an die Kleidungsstücke der Punker oder der Manager im teuren Nadelstreifenanzug. Wollen wir also in einem Theaterstück bestimmte Bevölkerungsgruppen, Berufe, Typen oder Zeiten durch Kostüme charakterisieren, müssen wir die jeweilige Rolle genau untersuchen und fragen:
- In welcher Zeit spielt das Stück?
- Um was für eine Person handelt es sich?
- Wie ist sein Berufsstand gekleidet?
- Welche charakteristischen Eigenschaften hat die Person?
  Ist sie verschroben, närrisch, eitel, herrschsüchtig, pfiffig, schwermütig, gewitzt, faul oder fleißig?
- Wie können diese Eigenschaften durch ein Kostüm deutlich sichtbar gemacht werden?

Es gibt viele Möglichkeiten, die Besonderheiten einer Figur herauszuheben, zum Beispiel durch die Überbetonungen einzelner körperlicher Merkmale. Der angeberische Muskelprotz trägt zum Beispiel ein Kostüm, dessen Schulterpartien ungewöhnlich wattiert und verbreitert worden sind. Vielleicht hat er sogar aufgeblasene Luftballons am Oberarm unter den Jackenärmeln.
Und welche witzigen Übertreibungen bieten sich durch die Kleidung der vornehm eitlen Hofdame, des abgerissenen, herumstreunenden Landstreichers, des schleimig buckelnden Dieners oder des säbelrasselnden Generals?
Was euch auch immer an sprudelnden Ideen dazu einfällt, achtet darauf:
Ein Kostüm darf die Bewegungsfreiheit eines Darstellers niemals einschränken. Es darf nicht einengen, er muß sich darin wohlfühlen. Wenn ständig befürchtet werden muß, daß die Hosennaht platzt oder die Knöpfe beim Atemholen von der Weste springen, wird das Spiel steif. Deshalb ist es sehr wichtig, daß nicht erst bei der Generalprobe zum erstenmal in Kostümen gespielt wird.
Wie aber findet ihr nun das passende Kostüm für eine bestimmte Figur?
Ganz einfach: Probiert eure Einfälle zunächst am Modell aus.
- Greift auf eure Puppen zurück und probiert an ihnen im Kleinen die Wirkung einzelner Kostümideen aus. Schon im 19. Jahrhundert dienten Modellpuppen der Anprobe von Erwachsenenkleidern.

- Macht es wie die Modeschöpfer: Zeichnet Skizzen, versucht einfache Schnittmuster zu entwerfen.
- Auch mit Hilfe von Ausschneidebögen lassen sich leicht herzustellende Pappfiguren mühelos an- und umkleiden. Es macht Spaß, sie herauszuputzen und anzuziehen, man kann sich gut eine Vorstellung von dem geplanten Endergebnis machen.
- Wenn ihr schon fertige Kleidungsstücke aus Omas oder Opas Klamottentruhe ausprobieren wollt, so könnt ihr leicht aus dem Kartenständer, ein paar Bügeln und etwas Draht eine lebensgroße Modellpuppe basteln.

Auch hier kennt Phantasie keine Grenzen. Kleidungsstücke, die jeder besitzt, lassen sich erstaunlich verwandeln. Zum Beispiel: T-Shirts, Strumpfhosen, Gürtel, Gymnastikschläppchen, Wintermützen und Badekappen.
Einfarbige Strumpfhosen können mit Stoffarben bemalt werden. Schaumstoffkringel, Geschenkbänder, ja sogar eingefärbte Hobelspäne verzaubern die alte Badekappe in eine interessante Perücke. Dicht aneinandergesetzte Pfeifenreiniger auf der Wollmütze erwecken den Eindruck, als ob ein außerirdisches Wesen leibhaftig vor euch steht.

Probiert doch mal aus:
- Wie verändern Lamettastreifen den Rock?
- Wie Wattebällchen die Jeansjacke?
- Wie Styroporkugeln Omas alte Hausschuhe?
- Wie Papierblumen die Gymnastikschläppchen?
- Wie wird aus einem Bademantel ein königlicher Hermelinumhang?

Bedenkt auch, daß die gewählte Grundfarbe eines Kostüms die Figur verdeutlichen kann. Als heitere Farben werden empfunden: gelb, rot, orange. Sie wirken heiter, aktiv, anregend fröhlich, aber auch aggressiv. Unter kalten Farben versteht man: hellblau, violett, grün und die „Un-farben" schwarz, weiß und grau. Die dunklen Farben schaffen eher eine Stimmung von Trauer und steifer Würde. Die hellen Farben vermitteln blendende Frische oder auch Eiseskälte. Die warmen Farben braun, beige, dunkelblau und dunkelrot schaffen eine Atmosphäre der Ruhe und Gemütlichkeit.

An Kostümideen wird es euch nicht fehlen. Klärt aber jeweils zuvor genau ab, welche Rolle die Figur spielt, welchen Typus sie verkörpert. Dabei ist es gleich, ob ihr ein historisches Stück oder eines aus der Gegenwart aufführen wollt.

Fragt: Was denkt meine Figur, was fühlt sie, wie spricht sie, wie bewegt sie sich, wie sieht sie aus?

Reizvoll ist es auch, historische Handlungsstoffe auf die Gegenwart zu übertragen. Märchen eignen sich besonders gut dazu. Das Märchenglück erringen immer die freundlichen, hilfsbereiten, vertrauensseligen Figuren. Spannend dabei könnte doch die Frage sein, ob auch heute noch diese Eigenschaften zum Glück führen.

– Wie sieht denn zum Beispiel eine Prinzessin aus?
– Welches der drei Kostüme entspricht der Figur, die ihr euch ausgedacht habt, am besten?
– Welche Farbe haben die unterschiedlichen Kleidungsstücke? Malt doch einfach die Figuren aus!

11. Puder, Farbe, Lippenstift: Die Maske

Wie ein Blitz aus heiterem Himmel hat die Liebe eingeschlagen und Jenny getroffen. Mitten ins Herz. Rettungslos verknallt ist sie und wie verwandelt seit diesem Augenblick. Eitel ist sie geworden, sehr eitel sogar, und deshalb verbringt sie auch neuerdings viel Zeit vor dem Badezimmerspiegel. Vor allem dann, wenn die Eltern nicht da sind. Denn Jenny probiert mit Hilfe von Mutters Schminke immer wieder neue Gesichter aus. Aufregend ist das und grenzt an Zauberei. Hokuspokus verwandelt sich auch das blitzblank sauber aufgeräumte Badezimmer. Dosen, Tuben, Stifte, Quasten, Pinsel und Schwämme werden aus Schubladen und Schränkchen hastig herausgezerrt. Jenny pudert Rouge auf die Wangenknochen. Nun sieht sie aus wie ein Clown, der sich kugelrunde, dicke rote Kreise aufgemalt hat. So geht das nicht, denkt Jenny und rubbelt die Farbenpracht schnell wieder aus dem Gesicht. Die Wimpern tuscht sie blauschwarz, legt Grünglitzerndes auf die Augenlider, tupft und pinselt und malt sich einen kirschroten Mund, mit dem sie vor dem Spiegel ein verführerisches Lächeln ausprobiert. Voller Schrecken wird ein winzig kleines Pickelchen auf dem Kinn entdeckt. „Verflixt", schimpft Jenny, „wo ist der Abdeckstift?" Sie wühlt und kramt, findet ihn nicht, stampft auf, kleistert sich schließlich eine Handvoll Reinigungsmilch auf die Bemalung und gibt auf. Für heute jedenfalls. Bei der nächsten Gelegenheit, das nimmt sie sich vor, wird sie es noch einmal versuchen.

Warum macht Jenny das? Sie will natürlich für ihren neuen Freund schön aussehen. Da müssen die Pickel verschwinden. Sie hat schöne Augen, und das soll ihr Freund auch ruhig merken, wenn er sie verliebt anschaut. Also betont Jenny ihre Augenpartie, indem sie die Wimpern tuscht und den oberen und unteren Lidrand mit einem Stift betont. Fröhlich und ausdrucksstark will sie auf ihren Freund wirken. Heitere Menschen haben keinen grauen, fahlen Teint, deshalb probiert sie Mutters Rouge aus.

In der Fachsprache nennt man Jennys Verwandlungsversuch mit Puder und Farbe „Maske". Diese Kunst ist sehr alt und hat heute vor allem im Theater, der Oper, dem Film und Fernsehen einen festen Platz. Wie stark geschminkt wird, hängt zunächst davon ab, was man ausdrücken möchte. Wichtig ist aber auch die Beleuchtung und die Entfernung des Schauspielers vom Publikum, denn die Schminkeffekte müssen ja noch vom Zuschauer in der letzten Reihe gut zu erkennen sein.

Sich zu schminken und damit sich in eine andere Person zu verwandeln ist eine sehr spannende Sache. Wer möchte nicht einmal für ein paar Stunden in eine andere Haut schlüpfen?

Die Farbe der Wangen, der Lippen, der Augenlider und Brauen drückt eine bestimmte Stimmung aus. Es ist doch klar, eine kranke Prinzessin darf nicht wie das blühende Leben mit knallrot bemaltem Mund und Rouge auf den Wangen leiden. Im Gegenteil: Sie muß blaß und bleich mit traurigen Augen aus den Kissen herausschauen. Also wird ihr Gesicht erst einmal hell gepudert oder mit einem Make-up grundiert. Auch die Brauen und Lider bekommen etwas von dieser blassen Tönung ab, damit die Augenpartie etwas von ihrer lebendigen Ausdruckskraft verliert. Ein Kranker hat oft Schatten unter den Augen. Diese schminken wir, indem ein paar Striche mit dem Augenbrauenstift unter-

halb der Augen aufgetragen werden, die dann vorsichtig mit den Fingern zu Schatten verrieben werden. Wenn jetzt zufällig der Direktor hereinschaut, ruft er sofort den Krankenwagen. So elend sieht plötzlich eure Mitschülerin aus, die eben noch munter auf dem Schulhof tobte.

Erst viel später, wenn die Prinzessin endlich ihren Mond bekommen hat und überglücklich ist, darf sie so aussehen, wie man sich eine richtige Märchenprinzessin vorstellt: nämlich ganz besonders schön, mit roten Wangen, lustigen Augen und leuchtenden Lippen. Also muß sie vor dieser Szene in der Spielpause blitzschnell umgeschminkt werden. Das muß man üben, damit die notwendigen Handgriffe auch sitzen. Watte muß bereit liegen, der Spiegel darf nicht umkippen, Abschminke muß fließen, der Lippenstift darf nicht abrutschen. Wenn die Verwandlung von einer kranken Jammerliese in eine strahlende Märchenschönheit gelingt, wird das Publikum und selbst der Mond, der doch schon so vieles gesehen hat, an ein Märchenwunder glauben.

Im Märchen treten gute und böse Könige auf. Unser König ist freundlich. Deshalb wird er in leicht rötlichbraunen Farbtönen geschminkt, während ein böser König eine graue fahle Gesichtsfarbe erhalten würde. Seine mit einem Stift verstärkten Kummerfalten sind weich und gebogen und stehen nicht hart und gerade im Gesicht. Schneidet einmal Grimassen, dann findet ihr am leichtesten heraus, wo Falten sitzen, die man betonen kann. Wichtig ist auch, daß ihr den Mund zum Teil mit überpudert und damit schmaler macht. Das wirkt älter, denn alte Leute haben meist schmalere Lippen. Auch die Augen verlieren im Alter an Ausdruckskraft. Deshalb sollte der alte König hell getuschte Wimpern und schmale helle Augenbrauen bekommen. Aufgemalte oder angeklebte Koteletten lassen das Gesicht hager und länger erscheinen. Komplett ist die Verwandlung, wenn die Haare mit einem grauen Spray getönt werden. Keine Angst, bei der nächsten Haarwäsche kommt wieder die ursprüngliche Farbe zum Vorschein.

Das Erscheinen des Traummonsters soll dem Publikum eine wohlig-schaurige Gänsehaut über den Rücken kribbeln lassen. Wenn ihr keine Pappmaske verwenden wollt, dann verteilt weiß-graue Fettschminke dünn und gleichmäßig auf dem Gesicht, dem Hals und den Ohren. Tiefgrau werden die Augenhöhlen schattiert, die Lippen werden tiefschwarz ausgemalt. Ihr

könnt euch natürlich auch für ein giftgrünes oder neonblaues Traummonster entscheiden. Das bleibt ganz eurer Phantasie überlassen.

Das Temperament der Spanischen Hofdame zeigt sich vor allem in ihren blitzenden Augen. Lidschatten, Lidstriche und Wimpern bringen die Augen zum Sprechen. Groß und feurig sollen sie wirken, deshalb wird der Lidschatten über den äußeren Augenwinkel hinausgehend aufgetragen. Anschließend zieht ihr mit einem schwarzen Lidstrich den unteren Wimpernrand nach. Wenn ihr auch den oberen Wimpernrand betonen wollt, dann müßt ihr unbedingt darauf achten, daß sich beide Lidstriche nicht berühren, da sonst die Augen kleiner wirken. Kräftig getuschte Wimpern heben das Weiß des Augapfels hervor. Ein in besonders intensiven Farben geschminkter Mund würde der Hofdame sicher gut stehen.

Blaß und dümmlich dagegen sieht der Oberhofmarschall aus. Ob ein Gesicht streng oder eher dumm wirkt, hängt zum großen Teil von der Form der Augenbrauen ab. Ein strenges Gesicht zeigt eher buschige, gerade Augenbrauen. Die dümmliche Hochnäsigkeit unseres Oberhofmarschalls dagegen betonen wir mit schmalen, weit nach oben geschwungenen Augenbrauen. Sein spitzmäuliges Sprachgetue heben wir durch ein blaßrosa geschminktes, die Lippen nur in der Mitte verbreiterndes Kußmäulchen hervor.

Der Hofnarr, der ja den Hofstaat erheitern soll, muß natürlich selbst eine sehr fröhliche Ausstrahlung haben. Er will schließlich mit seiner Fröhlichkeit das Publikum und den König anstecken. Es soll mit der Prinzessin leiden und gleich darauf mit dem Hofnarren lachen können. Genau diesen Effekt erreichen wir auch mit Hilfe der Maske. Aber zur Gestaltung des Hofnarren geben wir euch keine Tips. Ihr wißt selbst am besten, wie man ein lustiges Clownsgesicht schminken kann.

Aber hier noch ein paar allgemeine Tips:

Denkt daran, die starken Bühnenscheinwerfer laugen Farben aus und lassen Gesichter ausdruckslos erscheinen. Deshalb braucht jeder Schauspieler, ob König oder Wahrsagerin, eine Hautgrundierung. Fettschminke deckt am besten, geht aber nur mit Abschminke wieder ab. Laßt euch nicht auf die billige Karnevalsschminke ein, die ist nämlich meist viel teurer und taugt nichts. Neben der Fettschminke gibt es die Wasserschminke, die wie Wasserfarbe aufgetragen wird. Aber ihr entscheidender Nachteil ist: Geratet ihr beim Spielen ins Schwitzen, verläuft sie.

Verschiedenfarbige Schminken, die in jeder Drogerie zu kaufen sind, könnt ihr sogar ineinander verreiben. Vergeßt dabei aber nie den Haaransatz, die Ohren und den Hals. Gesichtspartien, die dunkler getönt werden, verlieren an Ausdruckskraft, während heller geschminkte Flächen hervorgehoben werden. Da Fettschminke nicht trocknet, muß man sie mit Puder festhalten. Aber aufgepaßt: Der verwendete Puder muß immer einen Ton heller sein als die Grundierung.

Die Mädchen in eurer Klasse haben vielleicht schon eine heimliche Schminkerfahrung. Nun dürfen und müssen sich endlich auch einmal die Jungen schminken. Geniert euch dabei nicht, denn auch hier gilt das Theatergrundgesetz: Lachen ist erlaubt, Auslachen ist streng verboten und wird mit einem Bühnenverbot nicht unter sechs Ferienwochen bestraft.

12. Musik liegt in der (Bühnen-)Luft

Mit Musik geht alles leichter, sie macht Laune, sagt man. Das heißt doch, Musik kann unsre Stimmung verändern. Hört ihr mit geschlossenen Augen Melodien, Klängen, Tönen zu, dann stellen sich Gefühle und innere Bilder ein. Ruhige Musikstücke erzeugen andere Gefühle und innere Bilder als sehr lebhafte.

Wie Musik vorhandene Stimmungen verändern und neue schaffen kann, läßt sich an vielen Beispielen zeigen. Denkt einmal an einen ganz gewöhnlichen Schulmorgen. Der Wecker rasselt und reißt euch aus den schönsten Traumwolken heraus. Müde und mißmutig tappeln Füße ins Bad und schließlich zum Frühstückstisch. Und urplötzlich, durch die beschwingt heitere Radiomusik, verwandelt sich der trübsinnige Morgenmuffel in einen putzmunteren Cornflakes-Esser.

Den Stimmungsmacher Musik können wir auch für das Theater nutzen. Ihr kennt das sogar schon vom Fernsehen. Dort säuseln die Geigen zu einer Liebesszene, fetzige Musik und schnelle Trommelschläge begleiten die Autojagd von Gangstern und Polizisten oder fröhliche Fanfaren künden vom Happy End.

Auch einzelne Geräusche verstärken eine Stimmung. Stellt euch mal die folgende Filmszene vor: Dunkel liegt die Herbstnacht über der geheimnisvoll verwitterten Burg, die hoch über dem Meer auf einer Klippe steht. Gruselstimmung, die verstärkt wird durch das Heulen der tosenden Windböen, die um das alte Gemäuer brausen. Dumpf klatschen Brandungswellen gegen die schroffen Felsen. Ein morscher Fensterladen klappert schaurig in der Nacht. Das alte Burgtor ächzt und stöhnt im Wind. Die Kirchturmuhr schlägt. Mitternacht. Geisterstunde. Die Spannung wächst. Gleich wird etwas Ungeheuerliches geschehen.

Wie im Film und Fernsehen sollten wir Musik und Geräusche auch auf der Bühne verwenden. Sie dürfen aber nicht wie in einem Kaufhaus als beliebige Zutat auftreten, also nicht bloß Geräuschkulisse sein, sondern sehr gezielt je nach der Stimmung, die wir erzeugen wollen, eingesetzt werden.

An einigen Beispielen aus unserer Theateraufführung wollen wir einmal zeigen, wie Musik Stimmungen erzeugen kann. Vielleicht laßt ihr euch davon anregen, um auf andere und bessere Ideen zu kommen.

1. Szene: Noch ist der Vorhang geschlossen, das erste Wort nicht gesprochen. Im Zuschauerraum gehen die Lichter aus. Ruhige, romantisch verträumte Musik wird eingespielt, Traum – Pianoklänge, sanfte Töne wie Perlen, wie glitzernde Tautropfen aus einer Märchenwelt. Diese Musik stimmt ein, lenkt die Aufmerksamkeit auf die Märchenerzählerin, die vor dem Vorhang in einem Sessel Platz genommen hat, das große Geschichtenbuch in den Händen hält und gleich zu lesen beginnen wird. Vielleicht gelingt es, daß sich Zuschauer in ihre Kindheit zurückversetzen, die Stimmung zu entwickeln, die entstand, wenn zum Beispiel die Oma sich ans Bett setzte, um noch eine Gutenacht-Geschichte vorzulesen. In die Musik hinein fängt nun die Märchenerzählerin zu sprechen an. Nicht in der Weise, daß sie den Text herunterrattert, sondern so, daß Text und Musik miteinander harmonisieren. Stimmungssteigernde Pausen müssen gesetzt werden, damit die Klänge auch ihre Wirkung entfalten können. Die Lautstärke im Zusammenspiel von Text und Musik muß ausprobiert werden.

Nach dem letzten Satz der Märchenerzählerin wird die Musik lauter, dabei geht der Vorhang auf, und das Publikum blickt auf das Krankenlager der Prinzessin und sieht den besorgten Leibarzt. Behutsam nun die Musik ausblenden, damit kein harter Bruch innerhalb der Szene entsteht.

2. Szene: Noch vor dem Auftritt der temperamentgeladenen Spanischen Hofdame ist aus der Kulisse feurige Flamenco-Musik zu hören, zu deren Rhythmen sie wenig später über die Bühne wirbelt. Der Flamenco charakterisiert diese quicklebendig-quirlige, schwungvolle Figur. Sofort ist dem Zuschauer klar, wieviel Dynamik und Power die Hofdame besitzt. Ihr werdet bei den Proben schon das richtige Zeitgefühl dafür entwickeln, wie lange so ein Tanz andauern kann. Die Musik und der Tanz sind Teile der Handlung, überziehen darf man diesen Anteil nicht, weil dadurch die Aufmerksamkeit des Zuschauers für die zu erzählende Geschichte abgezogen wird. Diese steht aber im Mittelpunkt. So schreit dann auch der genervte König in die Musik hinein, verlangt gebieterisch, daß endlich Ruhe eintreten möge, schimpft laut, um die Hofdame an ihre eigentlichen Pflichten zu erinnern. Sie soll sich seinen Sorgen zuwenden und nicht herumhopsen. Schlagartig bricht mit dem Gebrüll des Königs die Musik ab, und es entsteht dadurch ein spannender Kontrast zwischen zwei Stimmungspolen: auf der einen Seite nehmen wir teil an der sprudelnden Lebensfreude der Hofdame, auf der anderen Seite spüren wir die verzweifelte Wut des Königs.

6. Szene: In tiefe Grübeleien versunken hat der König keinen Blick für seine Umgebung, während das Traummonster aufmerksam jeden seiner Schritte verfolgt. Erst durch eine zufällige Berührung wird der Kontakt zwischen beiden ausgelöst und damit das Erschrecken des Königs, Flucht und Verfolgung durch das Traummonster. Der Einsatz von Schlaginstrumenten unterstützt besonders wirkungsvoll diese Szene. Das Traummonster greift an, entsetzt weicht der König aus, es kommt zu Zusammenstößen, die Spannung steigt. Innerhalb dieser Jagd von Angriff und Ausweichversuchen gibt es Tempowechsel, Rhythmen, die leise lauernd anschwellen, den Höhepunkt verdeutlichen, wieder in der Geschwindigkeit und Lautstärke abflachen, erneut sich steigern, bis der König eingekreist und hilflos sich ergibt. Rhythmus kann mit vielem erzeugt werden, was man nicht zu kaufen braucht: Blech- und Holzstücken, Tüten, Kokosnußschalen, Flaschen. Ganz sicher leiht euch aber auch der Musiklehrer Gongs, Trommeln und Pauken aus. Wichtig ist, daß ihr die Bewegungen des Traummonsters und des Königs durch die sich in ihrer Ausdruckskraft steigernden Rhythmen so unterlegt, daß die Gefühle deutlich werden, daß Spannungskurven hörbar das Geschehen auf der Bühne verdeutlichen.

7. Szene: Der Hofnarr wirbelt vom Zuschauerraum aus über die Rampe hinauf auf die Bühne, reißt im übermütigen Schwung sogar die Dienerschaft aus ihrer starren Haltung heraus, verbreitet prickelnde Sektlaune. Er zappelt und hampelt und hüpft und hopst, springt und federt; er entfaltet ein wahres Feuerwerk guter Laune. Das alles sind Aktionen, die sich ebensogut durch Schlaginstrumente musikalisch verstärken lassen. Seine Bewegungen aber müssen nicht – wie beim Zusammenspiel von Traummonster und König – genau mit den Rhythmen übereinstimmen. Es muß keine sogenannte „Lautmalerei" stattfinden. Von daher ergibt sich die reizvolle Möglichkeit, das Publikum selbst an seiner Lebensfreude aktiv teilnehmen zu lassen. Vom Band läuft eine Solo-Schlagzeugnummer. Übermütig und von den Trommelwirbeln in Stimmung versetzt, mischt sich der Hofnarr unter das Publikum, verteilt Rätschen, Pfeifen, Rasseln und Kongas und fordert mit leuchtenden, blitzenden Augen dazu auf, der Schlagzeugmusik vom Band Konkurrenz zu machen. Das macht Laune, und es gibt wohl kaum Zuschauer, die sich davon nicht anstecken lassen. In dem Moment, in dem der König erscheint und wütend brüllt: „Was ist denn hier los? Sind wir etwa in einem Irrenhaus?" fühlt sich auch Onkel Karl in der ersten Reihe angesprochen und läßt sofort schuldbewußt den Kochlöffel sinken, mit dem er voller Lust auf den Blechtopf eingehämmert hat.

Schlußszene: Zum Happy End, dem ausgelassenen Fest im Mondschein, wählt ihr am besten euren Lieblingshit aus, einen, zu dessen Rhythmen es sich gut tanzen läßt. Aber auch diese Musikeinlage darf nicht endlos überzogen werden, brecht sie rechtzeitig ab für das Verbeugen vor dem Publikum und genießt den sich anschließenden Applaus aus vollem Herzen. Ihr habt ihn verdient.

Noch ein allgemeiner Hinweis:
Sicher habt ihr einen Techniker in der Klasse. Wählt die einzelnen Musikstücke gemeinsam aus, diskutiert, was am besten zu den Stimmungen der einzelnen Szenen paßt, fragt auch vielleicht den Musiklehrer um Rat. Wenn das Musikprogramm feststeht, überspielt die betreffenden Teile auf eine Kassette, und zwar genau in der Reihenfolge, in der sie auch im Stück vorkommen. Setzt dazwischen nur kurze Pausen. Derjenige, der das Band aufgenommen hat, ist auch der Toningenieur während der Aufführung, der die Musik „abfahren" läßt. Denn schließlich kennt er sein Band am besten. Er regelt die jeweilige Lautstärke, kennt genau die szenischen Steigerungen, weiß exakt, wo er abbrechen und langsam ausblenden muß. Ohne Plan geht das natürlich auch nicht. Das Zählwerk am Kassettenrekorder gibt ihm Orientierung, und von seinem Regieplan kann er ablesen, was er zu tun hat. Darüber hinaus muß er die Stichworte kennen, bei denen er mit Klängen, Geräuschen und Tönen einzusetzen hat.

Klar, daß auch bei der technischen Gestaltung der Musiklehrer helfen wird. Vielleicht gibt es auch im Notfall einen freundlichen Vater, der seine großen Boxen für die Aufführung ausleiht.

Sicher habt ihr keine Angst vor den technischen Problemen, bestimmt viel weniger als eure Lehrerin, die schon Mühe mit dem Dia-Projektor hat. Also beweist ihr einmal, daß ihr möglicherweise das Wort „Kassettenrekorder" nicht fehlerfrei schreiben könnt, dafür aber zur richtigen Zeit auf die richtigen Tasten drücken könnt.